리콜 없는
주얼리 수출

.

리콜 없는 주얼리 수출

발행일   2019년 9월 27일

지은이   윤강호
펴낸이   손형국
펴낸곳   (주)북랩
편집인   선일영   편집   오경진, 강대건, 최예은, 최승헌, 김경무
디자인   이현수, 김민하, 한수희, 김윤주, 허지혜   제작   박기성, 황동현, 구성우, 장홍석
마케팅   김회란, 박진관, 조하라, 장은별
출판등록   2004. 12. 1(제2012-000051호)
주소   서울시 금천구 가산디지털 1로 168, 우림라이온스밸리 B동 B113, 114호
홈페이지   www.book.co.kr
전화번호   (02)2026-5777   팩스   (02)2026-5747

ISBN   979-11-6299-876-2 93320 (종이책)   979-11-6299-877-9 95320 (전자책)

이 도서의 국립중앙도서관 출판예정도서목록(CIP)은 서지정보유통지원시스템 홈페이지(http://seoji.nl.go.kr)와
국가자료공동목록시스템(http://www.nl.go.kr/kolisnet)에서 이용하실 수 있습니다.
(CIP제어번호: CIP2019037839)

(주)북랩 성공출판의 파트너

북랩 홈페이지와 패밀리 사이트에서 다양한 출판 솔루션을 만나 보세요!

홈페이지 book.co.kr   •   **블로그** blog.naver.com/essaybook   •   **출판문의** book@book.co.kr

수출업자가 알아야 할 중금속 국제안전규정의 모든 것

리콜 없는 주얼리 수출

윤강호 지음

북랩 book Lab

들어가며

피할 수 없는 흐름, 수출 증가

창업이나 기업 운영에 있어 넓은 해외 시장으로 자신의 제품을 확장해 나가는 것은 큰 목표가 될 것이다. 현재 미국과 중국이 무역 전쟁을 벌이고 있지만 이는 자국의 경제적 이익을 위해 보호무역을 하고 있는 상황에서 자유무역으로 인해 발생한 국가 간 손실 보상의 문제일 뿐, WTO 체제하에서 국제 거래는 피할 수 없는 추세이다. 특히 IT 기술의 발달로 구매자의 개별적 직접 구매와 판매의 형태는 더욱 증가할 것이다.

엄격한 국제안전규정을 갖춘 세계 주얼리 시장

초기의 수출 시장 개척에서 간과하는 것이 상대국에 대한 정확한 이해다. 다들 자사 제품에 대한 품질과 가격 경쟁력으로만 접근하고 있다. 이것은 제품의 판매 이후 나타나는 리콜이나 소송의 위험성에 대하여 잘 모르기 때문이다. 시장이 큰 국가일수록 국제안전규정이 상당히 엄격히 관리되고 있으며 각국 국민들의 안전을 시스템적으로 운영하고 있다.

미국 소비자제품안전위원회(Consumer Product Safety Commission)가 2006년에 국가전자상해감시시스템(NEISS, National Electronic Intrury Surveillance System) 데이터를 분석하여 보고한 바에 따르면, 2000년부터 2005년까지 이물질 섭취로 18세 이하의 어린이가 응급실을 방문한 횟수는 300,000회를 넘는 것으로 밝혀졌다. 이 어린이들의 80%는 7세 미만이었고 삼킨 물건 중 약 2만 개는 주얼리 품목이었다고 추산되었다.[1] CDC가 2006년에 발표한 자료에 의하면 2006년 4세의 미국 어린이(미네소타주 미니애폴리스)는 납이 99.1%인 팔찌를 삼킨 후 급성 납 중독으로 사망했다. 주얼리는 삼키는 것만이 잠재적인 노출 경로는 아니다. 2008년에 CPSC가 발표한 자료에 의하면 그해 일리노이주의 한 유아가 어머니의 열쇠고리를 입에 넣거나 지니고 있었을 때 납에 중독이 되어 월마트(Wal-Mart)에서 51,000개의 열쇠고리를 리콜한 바 있다.

미국의 저가용 주얼리는 대부분 수입에 의존하고 있다. 2004년 CPSC와 어린이 주얼리 수입업자들이 함께 미국 전역의 주얼리 자판기에서 〈그림 1〉과 관련된 1억 5천만 개의 주얼리를 자발적으로 리콜한다고 발표했다. CPSC는 어린이 주얼리 중 일부에 위험한 납 농도가 포함되어 어린이에게 납 중독의 위험이 있음을 확인하였으며, 그 결과로 1억 5천만 개의 주얼리 중 절반만이 실제로 납을 함유하고 있다고 예상했지만, 납

---

1 「Canada Consumer Product Safety Act」, Vol.150, No.49, December 3, 2016.

이 함유되지 않은 주얼리와 구별하기가 어렵기 때문에 모든 상품을 리콜하기로 결정하였다.

<그림 1> CPSC 어린이 주얼리 리콜

2016년 CPSC는 소비자 제품 사고로 인한 사망, 상해 및 재산 피해로 인해 든 국가 비용은 연간 1조 달러에 달한다고 했다. 또한 CPSC 제품 리콜 프로그램(Recall Handbook)에 따르면 제조업자, 수입업자, 유통업자 및 유통소매업에 대하여 소비자제품안전법 및 아동안전보호법에 따라 제품 안전 리콜을 실시하고 있다고 하였다.

더 많은 논의가 필요한 한국 주얼리 산업

야노경제연구소[2]는 세계 주얼리 시장 규모가 전년 대비 1.7% 증가한 약 2,097억 달러라고 보고했다. 글로벌 240조 주얼리 시장을 고려하면 한국의 주얼리 산업은 국가 경제에서 차지하는 비중에 비해 올바른 경제적 전략 구조를 갖추지 못하고 있다. ASTM2999/F2923은 중금속의 안전과 기계적 장치, 주얼리 정보 라벨 등 종합적 안전기준에 대하여 다루고 있으며, 특히 아동용 주얼리에 대하여서는 CPSC와 더불어 상당히 엄격한 규제와 리콜을 시행하고 있다. 글로벌 시장 진출을 꾀하는 수출 기업은 미국의 소비자 안전개선법(CPSIA)[3]과 국제 규약에 따른 리콜에 상당히 주의해야 한다. 한국의 주얼리 수출 정책은 국제안전규정에 준한 미국의 ASTM이나 유럽 EN 규정처럼 주얼리 산업에서 표준을 갖추어야

---

2 5F/6F, 2-46-2 Honmachi, Nakano-ku, Tokyo, 164-8620 Japan. (http://www.yano.co.jp/)

3 CPSIA: CONSUMER PRODUCT SAFETY IMPROVEMENT ACT.

하며 이를 바탕으로 한 활발한 논의 역시 지속되어야 할 것이다.

건강과 안전의 위험에 대처하기 위해서는 미국재료시험협회(ASTM International) 주얼리 안전규정의 정의와 요구 사항에 준하여 주얼리 안전에 관한 조사가 추가적으로 뒤따라야 한다. 이러한 상황은 세계 최대의 주얼리 소비국인 미국으로 수출하고자 하는 기업에게는 새로운 비관세 장벽으로 대두되고 있다. 그렇다면 이러한 중대한 대외적 환경에 대처하기 위해 한국의 패션 주얼리 수출 기업의 상황과 중금속에 대한 안전관리는 국제안전기준에 비추어 어떠한 수준에 있는지 살펴볼 필요가 있다.

유로모니터 인터내셔널(Euromonitor International)에 따르면, 3,100억 달러 규모의 주얼리 시장은 2020년까지 매년 5%씩 성장할 것으로 전망된다. 전 세계 주얼리 시장을 봤을 때 한국의 주얼리 산업은 국가 경제에서 차지하는 비중에 비해 올바른 경제적 전략 구조를 갖추지 못하고 있다. 이를 개선하기 위해서는 미국의 ASTM이나 유럽 EN 규정처럼 주얼리 분야에서 국내 표준을 갖추고 이를 바탕으로 활발한 논의를 해야 한다. 대표적인 주얼리 국제안전규정에는 ASTM-F2999와 ASTM-F2923이 있다. 특히 아동용 주얼리에 대해서는 CPSC와 더불어 상당히 엄격한 규제와 리콜이 시행되고 있다. 본서에서는 글로벌 시장 진출을 위한 국내 수출 기업이 국제 규정에 따른 리콜에 대하여 상당한 주의를 해야 함을 알리고자 하였다. 한국의 수출 중소기업은 ASTM와 EN 국제안전기준에 준하는 제품을 제조하는 데 상당히 노력을 기울여야 하며 빠른 시일 내에 올바른 안전 품질 시스템을 구축하고 이에 대응할 수 있는 대책을 마련해야 할 것이다.

이해를 돕기 위해 국내에서 유통되고 있는 주얼리의 국제 규정 수준을 확인하는 샘플 검사를 진행하여 신뢰성을 높이고자 했다. 성인용 주얼리 표준 안전 규격 ASTM-F2999와 ASTM F2923에서 요구하는 도료 및 표면 코팅의 내용물에 대한 중금속인 안티몬(Sb), 비소(As), 바륨(Ba), 카드뮴(Cd), 크롬(Cr), 수은(Hg) 및 셀레늄(Se)에 대한 중금속 이동을 ICP 전처리와 용출 용액을 통해 과정을 분석하여 살펴보았고, 아동용 금속 제품의 납 함유량 분석은 CPSC 검사소에서 사용되는 CPSC-CH-E1001~4-08 검사법을 참고하였다. ASTM-2923 아동용 주얼리에 대한 카드뮴 분석은 국제 기준에 근거한 동일 실험 환경을 유지하였고, 미국 소비자 제품의 카드뮴 노출에 대한 HCl 용출 염도 테스트에 기초하여 시간별로 비교해 보았다.

주얼리 샘플에서 기준치 이상의 중금속이 검출된 것은 수출을 하고자 하는 기업이 참고하여 예방하면 도움이 될 것이다. 샘플 결과를 요약하면, 20개 중 10개 샘플에서 중금속이 기준치보다 높은 수치가 나왔다. 이것은 제품 제조에서 중금속에 대한 인식이 실질적으로 갖추어지지 않았고 해외 수출에 대한 기본 개념이 성립되지 않았기 때문인 것으로 판단된다.

한국의 귀금속 보석 가공 산업은 대부분 실물가치 교환의 수단으로 여

기고 현재까지 주얼리의 심미적 부가가치보다는 금·은의 재산적 가치에 집중되어 있다. 이러한 구조는 FTA의 시장 개방에 역행하고 있고 특히 중금속 함유량에 대한 표준화된 근거법을 제공하지 못하여 주얼리 산업 활성화에 저해 요인으로 작용하고 있다. 또한 고부가가치 산업의 분야임에도 불구하고 수출 또한 어려운 구조적 모순을 가지고 있는 것이다. 따라서 FTA를 통하여 수입에 의존하는 근원적 비즈니스 환경을 개선하고 올바른 국제 기준에 준한 제품 개발로 세계 시장에서의 판로 확보를 위해 노력한다면 기업과 정부 모두 상호 시너지를 구축할 수 있을 것으로 보인다.

주얼리 수출에 관한 기존 연구

현재까지 진행된 주얼리 수출에 관한 국내 연구를 보자. 이경만과 이춘수의 「사회연결망분석을 이용한 HS 제71류의 귀금속 무역 네트워크에 관한 연구」는 자유무역협정(FTA)을 통해 HS 71(귀금속류) 교역 구조와 세계 각국의 무역통관 관계의 분석 중심으로 연구되어 주얼리에 관한 FTA 비관세 장벽이나 규정에 대한 정보는 미비한 실정이다. 그리고 김현욱의 「한중FTA에 대응한 대중국 주얼리 마케팅전략에 관한 연구」는 중국의 소비성 방향과 양국 양허 기준에 따른 제품의 가격 경쟁력, 그리고 한류 마케팅 방향으로 접근하였기 때문에 주얼리 진입장벽에 대한 올바른 해석이 부족하고 수출 기업에 대한 포괄적 영업 전략에 국한되어 있어 이를 토대로 수얼리 수출 정책을 개선하기에는 부족한 부분이 많이 있다.

한국의 주얼리 육성 정책은 수출에 큰 주안점을 두고 있다. 2013년 산업통상자원부 R&D 전략기획단은 주얼리(귀금속·액세서리), 패션(의류·봉제), 피혁(제화·가방) 등 세 가지 업종을 한류형 신산업 및 신시장으로 창출한다는 내용을 골자로 한 '한류형 신산업 육성을 위한 도시형 소공인 지원 전략안'을 발표했다.[4] 수출 신시장 개척에 앞서 국내 수출 기업의 부적합 주얼리 제품의 대량 리콜 사태와 국제 소송 등에 대응하기 위해서는 정부의 주얼리 안전규정 시스템 정착이 우선되어야 하며 관련 협회와 지원 기관을 통해 교육과 연구가 지속적으로 이루어져야 한다. 또한 주얼리 수출 기업은 국제안전규정에 대한 올바른 인식을 통해 제품의 안전 관리를 해 나가야 할 것이다.

본서의 한국 패션 주얼리 현황 조사에 적용되는 중금속 관련 국내 선행 연구로는 「어린이용품 환경유해인자인 중금속과 프탈레이트의 함유량 및 전이량 조사」(최인석·최성철, 2014), 「완구제품에 함유된 유해물질 및 관리방안에 대한 연구」(김승돈, 2009), 「어린이용품 유해물질 실태조사를 통한 휴대용 XRF의 적용성에 관한 연구: Pb 및 Cd을 중심으로」(김현진, 2013), 「연옥의 소광산으로서의 지구환경학적 특성 및 보석학적 특성 연구: 한국과 중국의 연옥을 중심으로」(김경진, 2004) 등이 있다. 그러나 현

---

4 백명기, '정부, '주얼리' 한류형 신산업으로 육성한다', 《주얼리신문》, 2013.12.04.

재까지 국내 중금속 관련 연구는 환경, 식품, 완구, 보석의 원석 등에 한정되어 있어 패션 주얼리 수출 완제품에 대한 국제안전규정의 문제 인식은 아직 미흡한 실정이다.

최소한의 도덕적 기준, 국제안전규정

필자는 IMF 전에는 해외 무역부에서 일을 하다가 전향하여 수출 제조업을 15년간 운영해 오고 있다. 다양한 해외 판로 개척과 수출 경험을 바탕으로 주얼리 부분의 개선점을 안내하고자 한다. 안전규정이라는 것은 물품을 교환하여 부가가치를 얻고자 하는 이들 모두에게 해당하는 것이고 인간의 교환 거래에 최소한의 도덕적 기준이라 할 것이다.

본서에서는 주얼리 국제안전규정의 기술적 특성과 중금속 위험 요소를 살펴보고, 국내 패션 주얼리 제품이 국제 규정에 따른 위험 요소를 어느 정도 내재하고 있는지 시중의 주얼리 샘플을 통해 설명하였다. 그 결과를 바탕으로 향후 한국 패션 주얼리 제품 제조 시 국제 규약에 준하는 위험 요소를 제거하여 안정적 수출 방안을 마련할 수 있는 개선책을 제시하고자 한다.

아울러 국내의 주얼리 중금속 안전 개선책과 정부의 주얼리 수출 정책에서 국제안전기준의 중요성을 알리고 글로벌 수출 역량 강화와 대외 교역에서의 중금속으로 인한 리콜 위험성을 제거하는 데 도움이 되고자 한다.

　따라서 본서를 읽고 주얼리 국제안전규정의 기술적 특성과 중금속 위험 요소를 살펴보고 국내 패션 주얼리 제품이 국제 규정에 따른 위험 요소를 어느 정도 내재하고 있는지 품질 검정을 해 보기 바란다. 또한 국제 규정에 근거한 샘플 시료 분석을 통해 국내 주얼리 수출 기업이 국제 안전규정에 부합할 수 있는 기술적 환경을 조성하고, 수출 이후 리콜과 국제 소송의 위험 요소를 사전에 제거하기 위한 중소기업 지원 정책 방향이 개선되기를 기대한다.

2019년 9월

윤강호

목차

이 책을 읽기 전에

이 책을 읽기 전에 알아두면 좋을 전문 지식을 정리했다.
관련 내용을 처음 접한 사람이라면
이 내용을 먼저 읽고 책을 읽는 것을 추천한다.

1. 주얼리 중금속의 분석 절차

주얼리를 수출하고자 하는 개인이나 기업이 국제안전기준을 준수하고자 한다면 우선 가장 영향력 있는 미국의 ASTM-F2999, ASTM-F2923 규정과 절차를 이해해 보자. 초기에 도움이 될 것이다. 세계에서 통용되는 안전규정은 한국표준협회[5]에 문의를 해도 어느 정도 구할 수 있으나 없다면 인터넷에서 직접 미국재료시험협회[6] 사이트에 방문해서 직접 다운로드 받는 방법도 있다.

신뢰성을 높이기 위해 제품 샘플 분석은 국내에서 국제공인시험기관으로 등록(ISO/IEC 17025)되어 있는 국내 고분자연구소 등에 의뢰하여 진행하면 바이어를 설득하는 데 도움이 될 것이다. 자세한 분석 내용 절차는 연구소에서 진행하기 때문에 주얼리 관계자는 자세히 접할 수 없으나 분석 과정의 개념적 이해에 도움이 될 수 있기 때문에 안내하고자 한다. 유럽이나 미국에서 요구하는 ICP 분석 테스터를 기준으로 하여 보면 다음과 같은 절차를 통해 진행된다.

ICP(Inductively Coupled Plasma Spectrometer)는 무기원소 분석 장비로, <그림 2> 모식도와 같이 플라즈마를 이용하여 수용액 시료를 태워서 발생하는 PPM(Parts Per Million) 수준의 많은 원소를 동시에 분석할 수 있다.

모든 원소는 특별한 파장대의 빛 에너지를 가지고 있다(예: 구리 327.395

---

5 https://ksa.or.kr

6 www.astm.org

nm, 황 180.669nm…). 이 파장을 이용해 성분의 정량적·정성적 분석이 가능하며 중성적 원자에 10,000K에 다다른 측정 원리는 플라즈마를 접속하여 최외각의 전자를 자극하고 이로부터 입자의 내보내는 스펙트럼선들의 세기를 통해 분석을 하는 것이다.

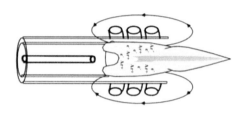 

(한국고분자 시험연구소, 2017)

〈그림 2〉 ICP 플라즈마 모식도와 실제 모습

ICP는 다원소, 다파장을 동시에 분석할 수 있고 짧은 시간에 적은 시료로 다양한 원소 분석을 할 수 있다. 그리고 〈그림 3〉에서와 같이 주기율표 대부분의 원소를 빠른 시간 내에 분석할 수 있기 때문에 전원소[무기원소(ICP로 측정)+유기원소(EA로 측정)]와 금속 순도(차수법: 불순물을 검출하여 100%에서 불순물의 함량을 제외) 등을 분석하여 ASTM-F2999/F2923에서 요구하는 성분 분석의 기초를 만들 수 있다.

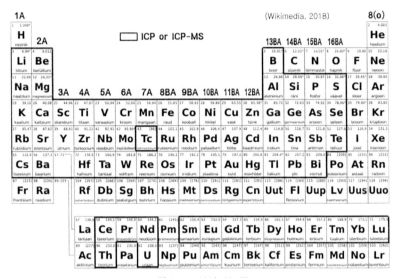

<그림 3> ICP 분석 가능 원소

ASTM-F2999/F2923에서는 ICP의 정확한 분석을 위해 <그림 4>와 같이 시료에 대한 전처리(Pretreatment) 과정을 필요로 한다. 이는 전처리 방법, 분석자의 숙련도 등에 따라 결과가 다르게 나올 수 있기 때문에 분석 결과에 중요한 영향을 끼치는 과정이다. 여러 방법(Microwave, acid digestion, 회화, 용융 등)으로 ICP 전처리에서 단계를 거치고 분석을 진행하게 된다.

그리고 주얼리의 플라스틱 및 금속 성분에 대한 ICP 용출 용액 염분 추출은 섭취하거나 삼킬 가능성은 없으나 입에 들어갈 수 있는 주얼리

의 금속이나 플라스틱 성분에 대한 노출을 실험하는 것이다. 이러한 인
체 흡입과 용융의 문제 요소 때문에 주로 ICP 분석을 했다. 염분 추출에
대한 절차는 아동용 금속 주얼리에서 납, 카드뮴 측정에 대한 CPSC 표
준 작업 절차를 근거로 한다.[7]

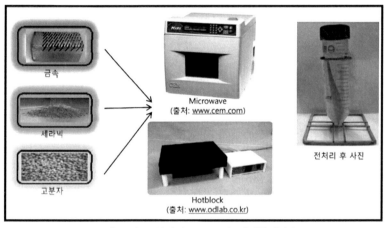

〈그림 4〉 한국고분자 연구소 ICP 시료에 대한 전처리

본서는 분석 자료의 자릿수 및 소수점 표기에 관해 다음과 같이 기준
을 세웠다. 국제표준규격에서는 소수점을 표기할 때 온점(.) 또는 반점(,)
을 사용한다. 또한 세 자리 이상의 숫자를 구분하는 온점(.)이나 반점(,)

---

7   ASTM-F2999 Standard 14.5, 5.1: Saline Extraction Procedure for Plastic and Metal
    Components of Jewelry, 2014.

과 혼동을 피하기 위하여, 온점(.)이나 반점(,)을 사용하지 않고 한 칸 띄어서 표기를 한다. 통상 12,345.09876로 표기되는 숫자는 12 345,098 76로 표기하여 1천 이상은 한 칸을 띄우고, 소수점을 기준으로 3자리씩 띄어서 표기를 한다. 본서 내용은 표기상 혼동을 피하기 위해 일반적으로 알려져 있는 1천(1,000) 단위의 콤마 반점(,)을 사용하지 않았고 띄어쓰기로써 국제 표준에 맞추어 기재하였다.

2. 주얼리 표면 중금속의
분석 방법

1) ICP 전처리

연구 분석은 주얼리 표준 안전 규격 ASTM F2999[8]와 ASTM F2923[9]에서 요구하는 도료 및 표면 코팅의 내용물에 대한 중금속 함유량 한계[10]에 대한 표면 중금속 이동을 〈표 1〉 기준으로 ICP를 통해 과정을 분석하였다.

그리고 아동용 금속 제품의 납 함유량 분석은 CPSC 검사소에서 사용되는 CPSC-CH-E1001-08 검사법에 따른 기준을 적용하였고 분석 조건은 유도결합 플라즈마 분광계(ICP: Inductively Coupled Plasma Spectrometer)를 활용하는 것이었다.

〈표 1〉 ASTM 표면 중금속 함량

Maximum Soluble Migrated Antimony, Arsenic, Barium, Cadmium, Chromium, Mercury and Selenium from Paint and Surface Coating of Children's Jewelry

Element	Antimony (Sb)	Arsenic (As)	Barium (Ba)	Cadmium (Cd)	Chromium (Cr)	Mercury (Hg)	Selenium (Se)
Maximum soluble element (in mg/kg or ppm) in paint or surface coatings of children's jewelry[A]	60	25	1000	75	60	60	500

Due to interlaboratory variability, Consumer Safety Specification F963-11 establishes the following analytical correction factors (in %): Sb, As and Se: 60%; Hg: 50%; Ba, Cd, and Cr: 30%.

---

8 ASTM-F2999 Standard: Consumer Safety Specification for Adult Jewelry1(2016).

9 ASTM-F2923 Standard: Consumer Safety Specification for Children's Jewelry1(2016).

10 인티몬(60PPM), 비소(25PPM), 바륨(1,000PPM), 카드뮴(75PPM), 크롬(60PPM), 수은(60PPM) 및 셀레늄(500PPM).

분석 기기는 Agilent Technologies 사의 720, ICP-OES와 검출기, VistaChip 11 CCD 검출기였고, 분석 원소는 안티몬, 비소, 바륨, 카드뮴, 크롬, 수은, 셀레늄, 납이었다.

2) ICP 용액 용출 카드뮴

ASTM-2923 아동용 주얼리에 대한 카드뮴 분석은 국제 기준에 근거한 동일 실험 환경을 유지하였고 시간의 진행에 따라 달리하여 추가적 실험을 진행하였다. 카드뮴에 대한 식염수 추출은 입 냄새 행동으로 얻은 노출을 시뮬레이션하기 위해 미국 CPSC[11]에서 사용되었다. 이를 바탕으로 어린이 금속 주얼리[12]의 납 및 그 생체 이용률을 결정하기 위한 CPSC 표준 작동 절차에 자세히 나와 있는 ASTM-F963(ASTM 2008)에 명시된 방법을 따라 진행되었다.

제품이 비커의 바닥이나 가장자리에 닿지 않지만 식염수에 잠길 수 있도록 절연 전선을 사용하여 비커에 성인용 주얼리를 매달아 놓는다. (염

---

11 U.S. Consumer Product Safety Commission, 'CPSC Staff Report on Lead and Cadmium in Children's Polyvinyl Chloride(PVC) Products', 1997.

12 U.S. Consumer Product Safety Commission, 'Test Method: CPSC-CH-E1001-08.3 Standard Operating Procedure for Determining Total Lead (Pb) in Children's Metal Products (Including Children's Metal Jewelry)' Revision, 2012.

분.^{NaCl} 0.9%)㎜ 부피의 용액을 (주얼리 제품의 질량의 50배)g에 넣고 첨가된 부피를 기록한다. 용출 조건은 진동 배양기(Shaker Bath)에 0.07M HCl을 시료 무게의 50배 넣고 항온 37℃ 온도로 6시간, 24시간, 48시간, 96시간 동안 추출을 실시한다. 이후 ICP 분광기를 사용하여 추출된 용액의 카드뮴 함량을 분석하고 E1613에 있는 테스트 방법을 기본 바탕으로 한다.[13]

ASTM-F2999 표준 14항 측정 방법에 따라서 삼킬 수 있는 플라스틱 주얼리는 총 카드뮴 함량이 1.5%를 초과하면 소비자안전규격 F963-11에 따라 이동 가능한 카드뮴에 대해 테스트 한다. 추출된 카드뮴은 75㎎/kg(75PPM)를 초과하지 않아야 하고 측정된 분석 결과는 실험실에서 추정되는 분석 보정 계수 30%를 뺀 값으로 조정한다. 금속 주얼리 성분에서 추출된 카드뮴은 200㎍을 초과하지 않아야 하고 분석 결과는 CPSC의 분석 보정 계수 30%를 제하고 조정하도록 하여 결과값을 도출한다.

---

13 ASTM-F2999 Standard 14.5./1.1, 1.2, 1.3. 1.4: Saline Extraction Procedure for Plastic and Metal Components of Jewelry. 2014.

<보정 계수 방법>

1. 이동 가능한 카드뮴의 분석 결과는 230㎍이다. 보정 계수는 30%(0.30)이다. 조정된 분석 결과 = 230 - (230 × 0.30) = 230 - 69 = 161. 이 결과는 이동 가능한 카드뮴의 허용치를 초과하지 않으므로 용인될 수 있다.

2. 이동 가능한 카드뮴의 분석 결과는 300㎍이다. 보정 계수는 30%(0.30)이다. 조정된 분석 결과 = 300 - (300 × 0.30) = 300 - 90 = 210. 이 결과는 이동 가능한 카드뮴의 허용치를 초과하므로 용인될 수 없다.[14]

자세한 사항은 ASTM-2923, ASTM-F2999, ASTM-F963를 참조하면 도움이 될 것이다.

---

[14] ASTM-F2999 Standard 14.4.1: Method to Determine Cadmium Availability in Metal Jewelry Components. 2014, p.5.

3. 주얼리 중금속의 평가 대상 선정

1) 평가 대상

패션 주얼리를 정의하기 위해 국제적 법안을 참조하여 진행하였다. 미국 캘리포니아 상원 법안(Senate Bill No. 646)을 보면 주얼리란 ① 귀걸이, 발찌, 목걸이, 반지, 팔찌, 브로치, 핀, 체인, 커프스(Cuffs) 단추, 왕관, 헤어 액세서리, 장식용으로 입술에 다는 주얼리, 보디 피어싱(Body Piercing) 주얼리 등의 착용 가능한 모든 장식물이며, ② 펜던트(Pendant), 비드(Bead), 줄, 체인 또는 위의 ①에 적용된 기타 구성품을 말한다. ③ 펜던트 또는 줄을 활용하여 탈부착이 가능한 것으로, 신발이나 의류에 탈착하는 장식물 또는 ④ 상위의 ①에 명시한 주얼리의 구성품인 시계를 말한다. 해당 장식물이 시계로부터 제거 가능한 경우는 제외된다.[15]

캘리포니아 법안은 ASTM-F2999와 ASTM-F2923을 근거로 만들어졌다. ASTM 기준과 법안에서 규정하는 패션 주얼리의 정의와 동일 적용이 가능한 한국 패션 주얼리에 관한 조사에는 2015년 8월 월곡 주얼리 산업 연구소와 한국 갤럽(전문 리서치 기관)이 공동으로 수행한 '패션 주얼리 소비자 조사'가 있다. 패션 주얼리 조사의 기준은 금, 백금 소재를 제외한 은, 동, 브라스, 알루미늄, 철, 티타늄 등과 가죽, 끈, 실, 매듭, 천과 천연 보석, 모조 보석을 사용해 만든 몸에 착용 가능한 반지, 귀걸이, 목걸이,

---

15 Senate Bill No. 646 CHAPTER 473.

펜던트, 팔찌, 브로치, 발찌, 헤어 액세서리, 넥타이핀, 커프스 등이며 도금 제품을 포함한다.

그러나 금(14K·18K 골드, 14K·18K 화이트골드, 순금), 백금, 플래티늄 소재의 주얼리는 해당되지 않는다. 본 조사에서는 정의된 패션 주얼리 이외 기타 장식품 열쇠, 휴대폰 고리 등 몸에 착용 불가능한 것은 제외하였다. 또한 시계, 안경 제품 그리고 5천 원 미만의 저가 제품도 제외하였다.

패션 주얼리 소비자 심층 조사는 금과 백금을 제외한 은, 금속, 가죽, 끈, 천을 소재로 하는 패션 주얼리의 인식과 구매 행태를 파악하는 것이었고, 한국 패션 주얼리 시장의 구조와 잠재력을 도출하는 종합 조사였다. 그러므로 이러한 조사 결과에 근거하여 주얼리 소비자를 위한 제품 안전성을 살펴보아야 하며, 주얼리 중금속에 대한 위험성 분석을 추가적으로 연구해야 할 필요성이 있다.

2) 대상 선정

조사의 평가 대상은 2016년에 월곡 주얼리 산업 연구소와 한국 갤럽에서 공동으로 실시한 패션 주얼리 소비자 심층 분석을 참고하였다. 한국 갤럽은 최근 1년 이내 은, 금속, 가죽, 끈, 천 소재의 패션 주얼리 구매 경험자를 대상으로 하였다. 조사 지역은 서울 및 4대 광역시(대전/대구/부산/광주)으로 선정하여 국내 패션 주얼리의 구매 빈도를 측정하였고 가장 높은 구간을 설정하여 본 연구 자료의 표본을 수집하였다.

패션 주얼리의 모집단 선정에서 〈표 3〉을 보면 주로 1만 원대 구매가 높은 편이고 끈과 천 소재는 2만 원대 미만의 구매가 70%가량에 이를 만큼 비중 높게 나타난다. 반면 은과 금속의 패션 주얼리는 10만 원대 이상의 구매가 상대적으로 높은 특징을 보인다. 국내 생산 제품으로 한정하지 않고 내수 시장에 유통되는 모든 품목으로 범위를 설정하였다.

구매 방식 측면은 전국의 표준 대표성을 가지기 위해 기업별 금액, 디자인, 유사 제품 추출에서 대표 온라인 주얼리 판매 업체를 설정하여 샘플을 확보한 뒤 연구를 진행하였다.

* ASTM-F2999: 주얼리 샘플 10개
* ASTM-F2923: 주얼리 샘플 10개

각 샘플은 제조 유통 기업의 중복을 피하기 위해 분리하여 구매를 하였다. 샘플 종류는 한국고분자연구소에서 시험 가능한 목걸이, 귀걸이, 팔찌, 반지, 티아라, 브로치, 머리띠, 넥타이핀, 카프스 등의 품목을 선정, 성인용 주얼리와 아동용 주얼리 각 10개씩 분류하였다. 사진과 내용 설명은 제3장에서 자세히 설명하기로 한다.

〈표 3〉 패션 주얼리 구매 빈도

Case. 단위 | %

* 모름/무응답 제시하지 않음
* (-) 는 응답자 없음을 의미함.

실험 모집단의 구매 밀집지역군 선정 (ASTM2999/ 2923)

	1만원 미만	1만원 대	2만원 대	3만원 대	4만원 대	5만원 대	6만원 대	7만원 대	8만원 대	9만원 대	10만원 대	11만원 이상
온	3.4	14.6	19.3	18.0	5.8	9.5	4.1	1.7	4.1	2.0	5.4	11.2
금속	4.5	31.0	17.1	19.2	4.5	8.7	1.4	2.1	1.7	0.3	1.0	8.4
가죽	7.4	27.7	34.3	18.1	2.2	4.1	0.7	0.4	0.7	-	1.5	3.0
끈	22.9	45.9	15.1	8.2	2.5	2.9	0.4	-	0.7	-	-	1.1
천	29.1	46.7	13.0	7.7	0.8	0.8	0.4	-	0.8	-	0.4	0.4

a ○ 온　　d ● 끈
b ○ 금속　 e ● 천
c ○ 가죽

source |
월곡주얼리산업연구소, 한국갤럽
(2016 WJRC Annual Report)

제1장

주얼리 중금속,
얼마나 위험한가?

1. 주얼리 중금속

1) 중금속의 정의

비중이 약 4.0~5.0 이상인 금속으로 종류는 납(11.3), 수은(13.5), 구리 (8.9), 니켈(8.8), 카드뮴(8.7), 철(7.9), 주석(7.3), 크롬(7.1), 아연(6.9)이 있다. 대부분 중금속은 지각 내에 존재하는 함량이 0.1% 이내이다. 중금속의 인체 건강에 대한 주된 위협은 납, 카드뮴, 수은 및 비소에 노출되는 것 과 관련되어 있다.[16]

2) 중금속의 위해 요소

중금속이란 지구상에 존재하는 금속 중 비중 4.0 이상의 무거운 금속 을 의미하며 공기, 물, 식품 등을 통해 사람 몸에 들어오게 되면 몸 밖으 로 잘 빠져나가지 않아 체내 축적성이 높다. 이러한 중금속 중 인체 유해 정도가 높아 정부에서 규제하고 있는 대표적인 유해 중금속으로는 납, 카드뮴, 수은, 비소 등이 있다.[17] 중금속은 소량이라도 인체 내에 축적되 면 잘 배출되지 않고, 장기간에 걸쳐 체내에 부작용을 나타낸다. 또한 단

---

16 Järup L., 'Hazards of heavy metal contamination', British Medical Bulletin. 《British Medical Bulletin》Vol. 68, 2003.

17 김승희, '식품과 중금속', 식품의약품안전청, 2011, 1.p.

백질과 결합하여 단백질 구성 요소를 변성하고 기능을 마비시키며 각종 질병(미나마타, 이타이이타이 등)을 유발하고 기형아 출산율을 높인다. 생활 환경으로부터 배출된 중금속은 자정 작용의 영향을 받지 않고 생물 환경을 순환하면서 먹이 사슬을 따라 사람에까지 이동한다. 중금속 오염의 원인은 1차적으로 중금속을 함유한 광석이나 폐광산, 전자, 철강업 등 관련 산업체에 있고 산업 폐수에서 나타나기도 한다. 또한 도시 쓰레기나 고체 폐기물 처리장의 침출수 등에도 나타나고 농업에서 화학 비료 등으로 중금속이 배출되기도 한다. 인체 내에 축적되는 중금속은 바로 배설되지 않고 단백질과 분자 결합하면서 신장과 간장에서 메탈로티오네인(Metallothionein)[18] 단백질 합성이 많아지게 되고 이러한 단백질은 티올레이트[19]와 결합하여 단백질과 중금속의 혼합 이중체를 형성하여 중금속으로 인한 체내 독성을 소멸하게 한다고 한다.[20] 하야시(Hayashi) 등은 장기간 납 노출에 따른 납의 분포 및 배출에 영향을 미치는 금식 효과에 대한 분석 결과를 보면, 납을 투여한 후 인체의 적혈구 내 ALAD

---

18 세포질 내에 존재하는 특수한 금속단백질. 각종 중금속(Cd, Hg, Cu, Ag, Au)이나 아연의 섭취로 합성이 유도된다. (출처: 채범석, 『영양학사전』, 아카데미서적, 1998)

19 티올레이트(thiolate). 메르캅탄의 SH기의 수소 원자를 금속 원자로 치환한 유도체를 말한다. M을 1가의 금속으로 하면 일반식 RSM(R은 알킬기 등)으로 나타내어진다. (출처: 세화편집부, 『화학대사전』, 세화, 2001)

20 Piletz JE, Anderson RD, Birren BW, Herschman HR, 'Metallothionein synthesis in foetal, neonatal and maternal rat liver', 《European Journal of Biochemistry》, 131, 1983, p.489-495.

의 활동이 20일간 뚜렷하게 낮아졌다고 보고하였다.[21] 납이 생체의 피부를 통하여 내부로 유입될 수 있어 납 동위원소 혼합비가 일정한 204Pb를 이용한 생체 실험에서 납 및 무기 화합물은 피부를 통하여 흡수된다고 알려져 있다.[22] 이러한 중금속(Heavy Metal) 관련 위험을 고려하여 주얼리 제품에는 납 사용을 금지해야 하며 존재하는 납 함량은 국제표준 규정에 준하여야 한다.

21 Hayashi M, Yamamoto K, Yoshimura M, Kishimoto T, Shitara A, 'Effects of fasting on distribution and excretion of lead following long-term lead exposure in rats', *Archives of Environmental Contamination and Toxicology*, 24, 1993, p.201-205.

22 Stauber JL, Florence TM, Gulson BL, Dale LS, 'Percutaneous absorption of inorganic lead compounds', *Science of the Total Environment 145*, 1994, p.55-70.
    김민지, 김민정, 김현지, 김영희, 김기석, '납 노출 후 피부와 주요 장기에서 납 분포 양상에 관한 연구', 《대한피부미용학회지》 제7권 제4호 101, 2009.

2. 주얼리 중금속의 종류와 그 위험성

우리 몸은 금속, 먼지, 소금 및 산화물에 반응한다. 주얼리 제작에 접촉하게 되는 금속은 금, 구리, 은, 아연, 철, 강철, 백금, 팔라듐, 로듐, 이리듐, 티타늄, 니오븀, 알루미늄 등이 있다. 중금속은 철, 아연, 구리 등 인체에 필요한 물질이나 납, 수은, 카드뮴 등은 생물체에 유해할 뿐만 아니라 체내에서 대사되지 않고 축적되므로 주의해야 한다. 유해 중금속이 체내에 축적되면 호르몬 대사 및 혈관 축적에 영향을 주어 고혈압, 당뇨병, 암 등의 원인이 되고 태아 성장에 바람직하지 않은 영향을 미쳐 국민 건강 측면의 위해성 문제가 제기되고 있다. 인체가 중금속에 노출되는 경로는 매우 다양하고 개인마다 흡수 및 대사, 노출 시간 등이 다르므로 식품 및 환경에서 직접 정량하는 방법이 생체 내 노출량을 반영한다고 보기는 어렵다. 또한 저농도 중금속에 지속적으로 노출되면 생체 내에서 농축되고 이것이 건강상의 위해로 나타나게 된다. 그러므로 인체의 중금속 노출 평가를 위해서는 보다 정확한 노출 정도를 예측하고 위험도를 평가하는 것이 필요하다.[23]

인체는 대부분의 금속이 일정량 필요하다. 너무 적거나 너무 많지는 않아야 하는 농도 창(Concentration windows)[24]이 있다. 즉, 접촉이 너무 적

---

23 김영택, '국민 혈중의 중금속 농도 조사·연구', 환경부, 2005, p.4.

24 Vladislav S. Markin and Tian Y. Tsong. 'Frequency and concentration windows for the electric activation of a membrane active transport system', 《Biophysical Journal》 Volume 59, 1991.

거나 너무 많은 것도 실제로 손상될 수 있음을 의미한다. 일부 경우에
는 노출 창이 매우 작을 수 있고, 일부 금속과의 접촉이 너무 많을 수 있
다. 모든 금속류나 금속 화합물이 체내에서 항상 독성 작용만을 나타내
는 것은 아니다. 즉, 아연, 철, 망간 등과 같은 금속들은 인체 내에서 물
질 대사 작용에 반드시 필요하여 일정 수준의 체내 농도 유지가 요구되
는 생체 대사에 필수적인 금속들(Essential metals)이다. 반면, 납, 카드뮴,
수은 등은 인체의 정상적인 생체 대사에 전혀 필요 없는 물질들로서 오
염에 의해 체내에 들어오게 되면 인체에 유해한 작용을 일으키는 독성
비필수 금속(Toxic and nonessential metals)에 해당된다.[25]

주얼리는 종류에 따라 여러 가지 재료로 만들어진다. 이러한 가운데
유해 물질을 함유할 수 있다. 대부분의 주얼리는 피부 가까이에서 착용
할 수 있기 때문에 입으로 물거나, 삼키는 등의 행위로 인하여 인간이
몸에 들어갈 수 있는 환경이 조성되어 있다. 주얼리나 주얼리가 손상된
후에는 내재적 중금속 요소들의 표면 침탈이 위험 요인을 더 크게 만들
기도 한다. 본서에서는 패션 주얼리에 적용되는 표면 코팅에 대한 중금
속 노출 및 이동 과정을 살펴보고 국제 표준 권고 사항 이상의 위험성에
대하여 ASTM-F2999/F2923의 규정에 따라 점검해 보고자 한다.

---

[25] 박정덕, '중금속 노출 근로자의 직업병(Heavy Metal Poisoning)', 《HANYANG MEDICAL
REVIEWS》, Vol. 30 No. 4, 2010, p.319.

주얼리에 도포되는 표면 코팅 물질은 이들 물질에 있는 가용성 소재의 무게 단위 금속 함유량이 존재한다. ASTM-F2999/F2923에서는 인체 안전 수준을 초과하는 안티몬, 비소, 바륨, 카드뮴, 크롬, 수은이나 셀레늄의 화합물을 함유하지 못하도록 명시하고 있다.

1) 안티몬

안티몬은 납과 혼합하면 강도가 증가하여 매우 유용한 합금이 된다. 납 이외에 다른 금속들과도 다양한 합금을 생성한다.[26] 삼산화 안티몬은 캘리포니아 주에서 발암 물질로 분류되고 있고 안티몬으로 오염된 호흡 공기는 눈과 폐의 자극, 심장과 폐 손상, 복통, 설사, 구토 및 위궤양을 일으킬 수 있다. 많은 양의 안티몬을 섭취하면 위장 통증과 구토가 유발될 수 있다. 2009년 미국의회에서 통과된 소비자제품안전개선법(Consumer Product Safety Improvement Act)은 어린이 제품에 안티몬 함유량을 60PPM으로 제한하는 표준 규정을 만들었다.

미국 산업안전보건청(OSHA)의 노출허용기준(Permissible exposure limits, PEL)은 하루 평균 8시간 근무 시 $0.5mg/m^2$이고, 미국 산업안전보

---

26 위키백과.

건연구원(NIOSH)의 권고노출기준(Recommended exposure limits)은 0.5mg /㎥이다. 미국 산업위생전문가협회(ACGIH)에서는 TLV-TWA 0.5mg/㎥을 권고한다.[27] 우리나라의 1일 작업 시간 동안의 안티몬 시간 가중평균 노출 기준(Threshold limit values-time weighted average, TLV-TWA)은 0.5mg/ ㎥이다. 이와 관련된 사항은 산업안전보건법 제43조와 제16조에서 정하고 있다. 구체적 내용은 보건관리자가 직무를 수행할 때 안티몬에 의해 받는 건강 장해에 대해 평가, 예방, 관리에 대한 사항이다.

2) 비소

비소는 자연 중에 널리 분포하는 원소이며, 모든 토양과 그 외의 다른 환경적인 매체에서 검출 가능한 농도로 존재한다. 일반적으로 지구상의 대륙 지각 내에 존재하는 비소의 농도는 1.5PPM에서 2PPM가량이다. 비소의 지각 내 분포 순위는 몰리브덴(Mo) 다음인 52번째이며, 지각 내에 존재하는 245개의 다른 광물들보다 다량으로 분포한다. 또한, 황과 결합된 퇴적물들 가운데서 높은 농도로 발견된다.[28]

27 고동회, 김대성, '안티몬 노출 근로자의 건강관리지침', 한국산업안전보건공단 산업안전보건연구원, 2010, p.5.

28 황종연, 최훈근, 이동진, 심일섭, 김가원, 이종근, 김학주, '소비자 제품에 함유된 유해화학물질 노출 실태 조사', 국립환경과학원, 2008, p.17.

비소는 구리에 소량을 가하면 합금 첨가제의 내열성이 증가하고 납에 소량을 가하면 표면의 굳기가 강해지는 특징을 보인다. 주로 안티몬계의 합금 베어링 및 납 등에 첨가하여 사용되며, 비소 화합물은 살서제(Rodenticide), 방부제(Antiseptic) 및 살충제(Insecticide) 등에 사용되고 있으며 비산 화합물은 독성이 강하며 주의해야 한다.[29] 비소 중독은 신체의 비소 수치가 높아져 발생한다. 단기간에 노출이 발생하면 구토, 복통, 뇌증, 혈액이 포함 된 설사 등의 증상이 나타날 수 있고 장기간 노출되면 피부가 두꺼워지고 어두워지며 복통, 설사, 심장병, 감각 마비 및 암이 유발될 수 있다.[30]

3) 바륨

바륨은 은백색의 천연 금속이다. 공기와의 반응성이 매우 뛰어나므로 바륨은 자연적으로 순수한 형태로 발견되는 것이 아니라 광석의 구성 성분으로 사용된다. 하지만 바륨 노출은 심각한 건강 문제를 일으킬 수 있다. 한번 염화물이 된 후에 전해하여 순금속을 얻게 되며, 은백색의

---

29 두산백과.

30 위키피디아.

연한 금속으로 공기 중에서 즉시 산화되며 물에 넣으면 바로 수산화물이 된다. 녹는점 704℃, 비중 3.78이고 염류의 형태로 구리, 주석, 납과 같은 탈산제로서 사용되고 있다. 또 염화바륨은 금속의 열처리용 염욕재(塩浴材)로 쓰이며, 그 외에 납을 단단하게 경화하는 데 소량 사용된다.[31] 바륨 독성의 전형적인 징후에는 심장 부정맥, 호흡 부전, 위장 장애, 마비, 근육 경련 및 혈압 상승이 있고 심각한 바륨 독성은 신장 손상, 호흡 부전 및 사망으로 이어질 수 있다.[32]

4) 카드뮴

카드뮴은 유체 특성을 향상시키기 위해 주얼리 부분에서 땜납 및 합금에 많이 사용되기 때문에 이러한 종류의 금속을 조심해야 한다.

산업에서 사용되는 대부분의 카드뮴은 배터리, 색소, 금속 도금, 플라스틱 등에 많이 사용된다. 대부분 호흡기를 통해 흡수되며, 갓 생성된 카드뮴 증기는 흡입될 경우 폐에 침착이 잘 된다. 또한 카드뮴은 위장을 통

---

31 금속용어사전편찬위원회 편, 『금속용어사전』, 성안당, 1998.

32 Dr. Edward Group DC, NP, DACBN, DCBCN, DABFM, 'Toxic Metal: The Health Dangers of Barium', 《Morristown Memorial Hospital report》, March 4, 2013. <https://www.globalhealingcenter.com/natural-health/toxins/page/45/> (접속일: 2017.08.05)

해서도 5% 정도가 흡수되며 체내에 들어온 카드뮴은 간으로 이동되어 주로 간과 신장에 저장된다. 카드뮴 중독의 초기 증상은 뚜렷한 것이 없기 때문에 위험을 느끼지 못하며, 간혹 오한, 두통, 구토, 설사 등이 나타나 몸살감기 등으로 오인할 수 있다. 심한 만성 중독의 경우, 드물지만 뼈에 병변(골연화증, 골다공증, 특발성 골절)이 나타날 수 있다. 카드뮴 중독의 가장 대표적인 예는 이타이이타이병이 있다.[33]

카드뮴은 금속 광택을 만들거나 주얼리를 더 무겁게 제작하는 데 사용되기도 하며, 특히 어린이 주얼리, 배터리가 있는 장난감 및 페인트 코팅에서 자주 확인된다. 그리고 합금을 강화하기 위해 사용되는 금속으로 미국 보건복지부(U.S. Environmental Protection Agency, U.S. EPA)는 카드뮴과 그 화합물에 대해 "알려진 인간 발암 물질"이라고 명시했다.

5) 크롬

크롬은 인체 내에서는 포도당과 지방, 단백질 등 대사의 유지에 관여하고 있는 필수 영양소이다. 주로 도금 용액으로 사용되며 일반에게 잘 알려지지 않은 금속으로 주얼리에는 백금의 표면색을 내거나 금속을 강

---

33 국립수산과학원 홈페이지.

화하는 데 사용될 수 있다. 높은 농도의 '6가 크롬'을 흡입하면 코벽 자극, 코 궤양, 콧물 그리고 천식, 기침, 호흡 곤란 등 호흡 관련 문제가 유발될 수 있다. 미국직업안전건강관리청(OSHA, Occupational Safety and Health Administration)은 하루 8시간, 주 40시간 근무 시 근로자의 평균 노출 한도를 6가 크롬(0.005mg/㎥), 3가 크롬(0.5mg/㎥) 및 0크롬(1.0mg/㎥)으로 설정하고 있다. 미국 보건복지부(DHHS, Department of Health and Human Services)와 국제 암 연구청(IARC, International Agency for Research on Cancer)는 6가 크롬 화합물이 사람에 대한 알려진 발암물질이라는 결론을 내렸다.

6) 수은

수은은 위험한 중금속에 속한다. 단기, 장기, 만성, 급성 등 수많은 위험성에 대하여 연구가 되고 있고 흡수 초기 증상은 정신적 및 정서적 장애다. 중추 신경계는 금속 수은 노출에 대해 가장 민감한 표적 장기이다. 급성, 아급성, 장기간에 걸친 노출에 의해 비슷한 신경학적 결과가 나타난다. 일반적으로 노출 기간이나 농도가 증가할수록 보다 뚜렷한 증상을 보이며 미가역적 양상을 보일 수도 있다. 메틸수은은 주로 생선의 섭취를 통하여 인체로 흡수되며, 그 사례로 일본의 미나마타병이 널리 알

러져 있다. 신경학적 증상으로는 사지 감각 이상, 주변 시야/청각/미각/
후각의 이상, 걸음걸이와 팔 동작의 불안정, 근 위축, 불안, 기억상실, 우
울, 수면 장애 등의 많은 증상이 있다.[34] 수은 및 수은 화합물은 태어나
지 않은 어린이 및 유아에게 특히 해로운 것으로 알려져 있다. UN은 수
은에 관한 미나마타 협약(Minamata Convention on Mercury)을 통하여 환
경 및 인간 건강을 보호하기 위한 세계 최초의 협약을 발효하였고 74
개 당사국이 인체 건강 및 환경에 대한 위해성을 줄여 나가고 있다(UN
Environment).

7) 셀레늄

셀레늄은 원자 번호가 34이고 원자량이 78.96인 비금속 원소이다. 주
얼리 제조업체들은 브라스 블랙(Brass Black)용으로 셀레늄을 사용하며
황동, 구리 및 청동 부품 및 골동품등 을 검게 하는 용도로 자주 사용된
다. 청색 화합물 셀레늄 인쇄 토너는 금속 착색 용액으로 사용하기도 하
며, 이러한 착색 혼합물은 일반적으로 셀레닌 산을 함유하고 있다. 셀레
늄으로 인한 질병은 주로 각 지역별 토양 성분 분포나 식이섭취 패턴에

---

34 식품의약품안전처, 식품의약품안전평가원, '수은 및 메틸수은 위해평가', 2016, p.17.

따라 주로 풍토병의 형태로 발생한다. 이 중 가장 널리 알려진 셀레늄 결핍증은 케샨병(Keshan disease)과 카신-베크병(Kashin-beck disease)이다. 케샨병은 중국에서 일어난 풍토병으로 유명하다.[35] 또 1935년에는 미국 서부 로키산맥과 사우스다코타 지역에서 방목하던 말과 소들에서 털과 발굽이 빠지는 등의 치명적인 증상을 나타내는 '알칼리 질병'의 원인이 셀레늄의 과잉 섭취와 관련이 있는 것으로 밝혀지게 되었다.[36]

8) 납

납은 금속을 만드는 데 사용되며 주얼리에서도 보석의 플라스틱 부분 강화를 위해 낮은 수준의 납을 사용한다. 주얼리의 위해 물질 중 납과 카드뮴의 위험이 가장 큰 것으로 알려져 있다. 어린이들이 주얼리를 빨거나 입으로 섭취하여 삼키는 경우이다. 예방적 차원으로 납 중독 환경에서 노출원을 제거하여 어린이를 납 독성으로부터 보호하는 것이 가장 효과적인 방법이다. 높은 납 농도(100μg/dℓ 이상)는 장기 구토 및 뇌병증, 심지어 사망과 같은 증상을 유발할 수 있다. 5μg/dℓ(50 ppb) 미만의 혈중

---

35 KFSRI 식품안전정보마당(http://kfsri.or.kr/02_infor/infor_01_02.asp?idx=65)

36 이명희, '셀레늄 영양과 건강', 《대한암예방학회지》 제8권 제1호, 2003, p.37.

납 농도에서도 지적 능력 및 학업 능력 저하, 과잉 행동 및 주의력 결핍과 같은 신경 행동 장애, 출생 시 체중 감소 등의 위험 요소가 있다.[37]

미국 질병통제 예방센터와 세계보건기구(WHO)에서는 혈중 납 농도가 10μg/dℓ 이상은 납 중독으로 규정하고 있다. 그러나 납은 더 낮은 수준에서도 건강에 유해한 영향을 미칠 수 있으며 안전한 노출 수준은 알려져 있지 않다.[38] 플라스틱으로 만들어진 주얼리 부분에 EU 규정으로 주얼리의 다른 부분에서 납의 함량을 제한하고 있다. 2009년 8월 이후 캘리포니아 정부는 주얼리의 납 함유량을 600PPM에서 300PPM으로 줄였다. 아동용 주얼리의 납 성분에 대한 CPSIA 연방법 기준은 100PPM이다.[39]

---

37 American Academy of Pediatrics, 'Prevention of Childhood Lead Toxicity', 《PEDIATRICS》 Volume 138, number 1, 2016.

38 위키피디아.

39 CPSIA Section 101(b): Functional Purpose Exception from Lead Content Limit for Children's Products for a Specific Product, Class of Product, Material, or Component Part.

제2장

주얼리 중금속,
외국에서는
어떻게 규제하고 있을까?

1. 미국의 규정: ASTM

미국재료시험협회[40]는 전 세계적으로 12,000개 이상의 표준규정으로 운영되고 있으며 광범위한 재료, 제품, 시스템 및 서비스에 대한 자발적인 합의로 기술 표준을 개발하고 연구하는 국제 표준 기구이다. 1898년 이래로 BSI, IEC, DIN, ANSI, AFNOR 및 기타 국제 표준 시험 기관 ISO로 운영되고 있다. 세계적 혁신 비즈니스 서비스와 결합된 ASTM 표준은 국제 사회의 안전 성능을 향상시키고 어린이의 장난감에서 항공기 국경 분야 및 산업 전반에 걸친 표준 환경을 통해 모든 사람들이 구매하고 사용하는 것에 안전 기준 역할을 하고 있다.[41] 이를 바탕으로 ASTM 표준 규정은 세계 무역과 제조 및 재료, 제품 및 프로세스, 시스템 및 서비스의 성과를 향상시킨다. WTO 체결국들은 비관세 장벽에서 이를 자국의 안전을 위한 국제 표준으로 활용하고 있다.

미국재료시험협회 이사회의 상임위원회 조직은 기술위원회 운영위원회(COTCO, The Committee on Technical Committee Operations and the Committee on Standards)와 표준위원회(COS, Committee on Standards)로 〈그림 5〉와 같이 구성되어 있고 미국 정부의 입법부 및 사법부의 기능과 유사하다. 일반적으로 기술위원회 조직위원회는 규칙을 작성하고 표준위원회는 규칙이 잘 이행되고 지켜졌는지 확인한다.

---

40 ASTM International, 100 Barr Harbor Drive, PO Box C700, West Conshohocken, PA, 19428-2959 USA.

41 ASTM International, the International Association for Testing Materials.

표준위원회는 ASTM 표준 양식을 개발, 유지 및 해석하고 기술위원회의 모든 요청에 대해서 관련된 문서를 검토하는 시스템이다. 표준위원회는 표준에 대한 조치에 대해 모든 기술위원회의 권장사항 검토 및 승인

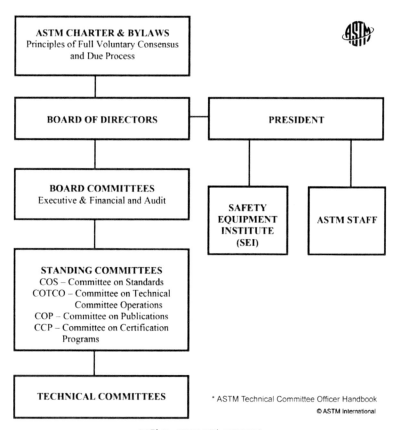

<그림 5> ASTM 조직 구조(2016)

을 담당한다. 표준위원회는 학회 규정의 절차 및 요구 사항이 적법 절차 기준을 충족했음을 확인하고 운영위원회는 표준과 관련하여 관할권을 정립한다.

<그림 5>의 인증프로그램위원회(CCP, Committee on Certification Program)는 이사회에 인증 프로그램 정책 수립에 대해 자문하고 ASTM 인증 프로그램을 승인 또는 제한한다. CCP는 ASTM 인증 프로그램에 대한 일반 운영 매뉴얼을 개발, 유지, 해석 및 시행하고 권장사항과 변경에 따라 조치를 취한다. 또한 CCP는 특정 인증 프로그램 매뉴얼의 검토 및 승인은 물론 프로그램 참가자의 위반 및 클레임 문제를 처리한다.

CPSC는 성인용 주얼리와 어린이 주얼리와 관련하여 자발적인 표준 활동에 참여하고 있다. CPSC 위원회는 미국재료시험협회 소위원회 Children's Jewelry F15. 24와 협력하여 다음 표준을 발표했다. 소비자 제품 안전 규격인 ASTM-F2923 표준은 아동용 보석과 관련된 위험 요소를 다루고 있다. 입에서 카드뮴에 노출되거나 작은 금속 주얼리 부품 및 어린이 주얼리의 다른 부분을 삼킬 가능성이 있는 것, 그리고 도료 및 표면 코팅의 화학 물질에 대한 노출과 위험한 액체, 중금속, 자석, 배터리 등 주얼리에 적용되는 위해 요소에 관한 사항이다. ASTM-F2923-11에는 인형이나 박제 동물과 함께 사용되는 장난감 주얼리는 포함되지 않는다. 이러한 제품은 장난감 안전을 위한 표준소비자안전규격 ASTM-F963에 포함되어 있다.

미국 소비자제품안전위원회와 미국재료시험협회는 국제표준을 사용하여 사람들을 보호하기 위해 오랫동안 협력을 해왔다. 1973년에 소비자 제품에 관한 ASTM 위원회 F15가 결성되었고 현재 56개 기술 분과위원회의 약 900명의 참가자로 구성되어 연간 ASTM 표준 F15.11에 게시된 100개가 넘는 표준을 관할하고 있다.

주얼리 안전규정은 ASTM-F2999와 ASTM-F2923 성인용과 아동용 주얼리로 구분된다. 본 규격은 주얼리의 특정한 물리적 위험, 중금속에 대한 요구 사항과 테스트 방법으로 설정되어 있고 연령 표시 라벨과 경고 및 주된 사용자인 아동 또는 성인의 식별 지침도 포함된다.[42] 매년 CPSC의 권고사항을 포함하여 ASTM 기술 분과에서 지속적 업데이트를 실시하고 있다.

ASTM 간행물 위원회(COP, Committee on Publications)는 간행물 정책 수립에 관여하고, ASTM 표준의 공표 기준을 제외하고 학회의 출판 프로그램에 대하여 책임을 지고 있다. 〈그림 6〉에서와 같이 ASTM은 국제안전규정의 출판에 관련된 수익이 72.39%로 절대 다수를 차지하고 있으며 세계의 대다수 국가에서 온라인으로 표준 규정을 구매하고 있다. 다음으로 투자 수익은 6.42%이고 제품에 대한 숙련도 테스트 프로그램

---

42 ASTM jewelry scope F2999/2923-14.

인 ASTM PTP[43]는 5.42%이다. 제3자 제품 인증에 대한 부분은 4.63%로 외주 처리를 하고 있고 가중치가 낮다. 이를 통해 대부분 국제표준규정에 대한 출판 수익에 집중되어져 있음을 알 수 있다. 이러한 절차와 홍보 시스템은 세계 각국의 규정에 추가적 보완 관계를 유지하며 잘 정착되어 있고 그 덕분에 미국재료시험협회는 높은 인지도와 함께 국제표준

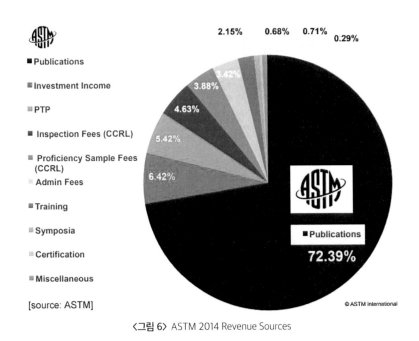

〈그림 6〉 ASTM 2014 Revenue Sources

---

43 ASTM Proficiency Testing Programs: Statistical Quality Assurance Tools for Laboratories.

규정에 대한 공신력을 갖추게 된 것이다.

1) ASTM의 성인용 주얼리 규정, ASTM-F2999

ASTM-F2999-14는 성인용 보석류 주얼리에 대한 소비자 표준 안전 규격이다. 소비자 안전 규격의 목적은 성인용 주얼리에 대해 국가에서 인정한 안전 요구 사항과 테스트 방법을 확립하는 데 있다. ASTM-F-2999 규격은 성인용 주얼리의 명시된 요소 및 특정한 기계적 위험에 대한 요구 사항과 테스트 방법을 설정한다. 이 규격이 성인용 주얼리의 모든 위험을 포함하는 것은 아니며, 안전과 관련된 경우를 제외하고 제품의 성능이나 품질을 다루지 않는다.[44]

ASTM-F2999 규격은 ASTM 정의에 따라 성인용 주얼리에만 적용된다. 12세 이하의 아동이 주로 사용하도록 디자인되거나 주얼리로 정의되는 아동용 주얼리는 별도의 ASTM 규격인 아동용 주얼리 ASTM-F2923으로 분리하여 다루고 있다. ASTM-F2999 표준 규격은 다음 사항에는 적용되지 않는다. 액세서리용 핸드백, 벨트, 의류에 포함 착용된 것을 제외되며 신발류에 부착된 것도 제외된다. 주된 목적이 기능적인 기타 모든

---

44 ASTM-F2999-14, Standard Consumer Safety Specification for Adult Jewelry, 2014, p.1.

품목들, 열쇠, 열쇠고리, 또는 장식용 개인 용품으로 주로 착용하도록 된 기타 품목들 역시 제외된다.[45]

ASTM-F2999 소비자 안전 규격에 포함되는 항목은 사용자 라벨 및 경고 사항, 성인용 주얼리의 납에 대한 규격, 성인용 피어싱 주얼리에 대한 규격, 성인용 주얼리의 표면 코팅에 포함된 안티몬, 비소, 바륨, 카드뮴, 크롬, 수은 및 셀레늄에 대한 규격, 성인용 주얼리의 특정 기판 소재에 포함된 카드뮴에 대한 규격, 성인용 주얼리의 기판에 포함된 안티몬, 비소, 바륨, 크롬, 수은 및 셀레늄이 있다. ASTM-F2999 성인용 주얼리에는 금속 부분의 노출된 니켈에 대한 표현과 성인용 주얼리의 프탈레이트, 액체로 채워진 주얼리의 요구 사항, 성인용 주얼리에 대한 기계적인 요구 사항과 테스트 방법 등이 있다. 그리고 일반적으로 공식적으로 인정될 수 있는 중금속에 대하여 다른 별도의 테스트 방법 등을 두지만 ASTM-F2999 기준은 주얼리 사용과 관련된 모든 안전 문제를 다루지는 않는다. 적절한 안전과 건강을 지키고 사용 전에 규제 제한의 적용 가능성을 결정하는 것은 본 규정을 사용하는 주얼리 관련자의 책임으로 본다.

ASTM 기준에 준한 관련 참고 문서로는 E1613[46]의 유도 결합 플라스

---

45 ASTM-F2999-14, Standard scop 1.3/1,2,3,4., 2014, p.1.

46 ASTM E1613-12: Standard Test Method for Determination of Lead by Inductively Coupled Plasma Atomic Emission Spectrometry (ICP-AES), Flame Atomic Absorption Spectrometry (FAAS), or Graphite Furnace Atomic Absorption Spectrometry (GFAAS) Techniques.

마 원자 방축 분광법(ICP-AES), 화염 원자 흡수 분광법(FAAS), 또는 흑연로 원자 흡수 분광법(GFAAS) 기술에 의한 납 측정에 대한 테스트 방법이 있다. ASTM-F963-11은 완구의 안전에 대한 소비자 안전 규격이고, F2853[47]은 X-선 형광 분석법에 의한 도료 및 유사 코팅 또는 기판과 동질의 재료에 포함된 납 측정에 대한 테스트 방법이고 ASTM-F2923은 아동용 주얼리의 소비자 제품 안전에 대한 규격 등이다.[48] 미국의 주얼리에 대한 연방 규정법 중 CFR 1500.14[49]에는 특별한 라벨 부착이 요구되는 제품들이 언급되어 있다.

CPSC 측정 표준에는 CPSC-CH-E1001-08[50] 어린이용 비금속 제품에서 전체 납(Pb)을 측정하고, CPSC-CH-E1002-08[51]에서는 어린이용 금속

---

47 ASTM F2853-10(2015): Standard Test Method for Determination of Lead in Paint Layers and Similar Coatings or in Substrates and Homogenous Materials by Energy Dispersive X-Ray Fluorescence Spectrometry Using Multiple Monochromatic Excitation Beams.

48 ASTM-F2999-14, Standard 2, Referenced Documents: (For referenced ASTM standards, visit the ASTM website, www.astm.org, or contact ASTM Customer Service at service@astm. org. For Annual Book of ASTM Standards volume information, refer to the standard's Document Summary page on the ASTM website), p.1.

49 16 CFR 1500.14 - Products requiring special labeling under section 3(b) of the act.

50 Standard Operating Procedure for Determining Total Lead (Pb) in Children's Metal Products(Including Children's Metal Jewelry), December 4, 2008.

51 CPSC Test Method: CPSC-CH-E1001-8.1 Standard Operating Procedure for Determining Total Lead (Pb) in Metal Children's Products(including Children's Metal Jewelry), Revision June 21, 2010.

제품(어린이용 금속 주얼리 포함)의 납(Pb)을 측정을 위한 표준 작업 절차를 구성하고 있다. CPSC-CH-E1003-09[52]은 페인트 및 기타 유사한 표면 코팅에서 납(Pb) 측정 표준이고 CPSC-CH-E1004-11는 어린이용 금속 주얼리에서 카드뮴 추출 가능성을 측정하기 위한 표준 절차이다.[53]

ASTM-F2999는 유럽 주얼리 표준에서도 일부 규정을 참고하고 있다. 유럽 표준에는 피부에 장기적으로 직접 접촉하는 품목들의 합금과 코팅제에서 니켈 방출에 대한 선별 테스트(CR 12471: 2002[54]),인체의 관통 부분에 삽입되는 모든 조립부 및 피부에 장기적으로 직접 접촉하도록 된 제품에서 니켈 방출에 대한 기준 테스트 방법(EN 1811: 2011[55]), 그리고 코팅된 제품의 니켈 방출 탐지에 대한 마모 및 부식 시뮬레이션 방법(EN 12472: 2009[56]) 등이 해당된다.

---

52 CPSC Test Method: CPSC-CH-C1001-09.3 Standard Operating Procedure for Determination of Phthalates April 1st, 2010.

53 ASTM-F2999-14, Standard 2,2 Code of Federal Regulations: Available from U.S. Government Printing Office Superintendent of Documents, 732 N. Capitol St., NW, Mail Stop: SDE, Washington, DC 20401, http://www.access.gpo.gov. p.2.

54 PD CR 12471:2002: Screening tests for nickel release from alloys and coatings in items that come into direct and prolonged contact with the skin, Published: September 2002.

55 EN 1811:2011+A1:2015: Reference test method for release of nickel from all post assemblies which are inserted into pierced parts of the human body and articles intended to come into direct and prolonged contact with the skin, 2015.

56 DIN EN 12472: Method for the simulation of wear and corrosion for the detection of nickel release from coated items; German version EN 12472:2005+A1:2009, 2009.

(1) 성인용 주얼리 규정

ASTM-F2999 기준과 관련된 용어의 정의는 '12세 이상의 소비자들이 사용하는 제품이며 주로 사람이 착용하도록 디자인된 제품'이다. 성인용 주얼리 품목은 다음 제품들을 포함한다. a. 발찌, b. 팔 커프스, c. 팔찌, d. 브로치, c. 체인, f. 왕관 또는 작은 왕관, g. 커프스 단추, h. 커다란 장식이 있는 헤어 액세서리,[57] i. 귀걸이, j. 귀 덮개, k. 목걸이, l. 핀(넥타이 핀 등), m. 반지, n. 바디 피어싱 주얼리, o. 디스플레이 또는 장식용으로 입에 부착하는 주얼리, p. a-o 제품의 모든 구성 요소, q. 사람이 장신구로 사용하며 단독으로 또는 a-o의 품목들에 부착하여 꺼내거나 착용하도록 고안된, 신발이나 의복의 모든 장식물이나 구슬, 체인, 고리, 펜던트 또는 기타 부착물, r. 시계가 장식품에서 제거될 수 있는 경우의 시계를 제외하고, 시계가 장식품의 부품인 시계, s. 최종 조립된 주얼리 제품이 주로 사람이 착용하는 장식품으로 디자인된 공예품의 주얼리 성분이다.[58]

주얼리 용어는 인쇄용 잉크나 플라스틱 제품의 안료와 같이 실제로 기

---

57 ASTM-F2999-14, Standard 3.1: Bobby pins, barrettes, headbands, etc. without a significant decorative element are not hair accessories, but are grooming aids. Combs, brushes and similar items not intended to be worn as an item of personal ornamentation are not hair accessories. Novelty products such as deely boppers are not hair accessories. 2014, p.2.

58 F2999-14 Definitions of Terms Specific to This Standard, 2014, p.2.

판의 일부가 되는 물질, 또는 전기 도금이나 세라믹 광택 가공과 같이 기판에 결합되는 물질들을 포함하지 않는다. 위험한 자석은 소비자 안전 규격 F963-11[59]에 표기된 방법으로 측정한 자속 지수(Flux Index)가 50 이상이고 삼킬 수 있거나 작은 물체인 자석이다.[60] 준완성 상태에서 삼킬 수 있거나 입에 넣을 수 있는 경우의 주얼리 또는 주얼리 부품은 접근이 가능한 것으로 간주하고 삼킬 수 있는 것으로 측정되어야 한다. ASTM-F2999에 기재된 테스트 장치에 맞지 않지만 치수가 모든 방향으로 5cm 미만인 경우, 주얼리나 주얼리 부품은 입에 넣을 수 있는 것으로 간주되어야 한다.[61]

(2) 표면 코팅에 대한 중금속 규격

성인용 주얼리의 페인트와 표면 코팅에서 안티몬, 비소, 바륨, 카드뮴, 크롬, 수은 및 셀레늄에 대한 규격이 있다. 성인용 주얼리에 도포되는 표면 코팅 물질은, 이들 물질에 있는 가용성 소재의 무게 단위 금속 함유량이 〈표 4〉에 기재된 고체(안료, 박막 고체 및 건조제를 포함)의 수준을 초과하는 안티몬, 비소, 바륨, 카드뮴, 크롬, 수은이나 셀레늄의 화합물을

---

59 F963-11: Standard Consumer Safety Specification for Toy Safety. (UNSPSC Code 60141000(Toys).

60 ASTM-F2999-14, 3.1.5 hazardous magnet. 2014, p.2.

61 ASTM-F2999-14,, 3.1.6, 3.1.6.1, accessible, 14.7 Test Requirements for Identifying Swallowable Components and Small Objects: Small Parts Cylinder, 2014, p.6.

함유하지 않아야 한다.[62] 표면 중금속 분석 결과는 〈표 4〉의 값에 비교하기 전에 ASTM-2999에 기재된 테스트 방법에 따라 조정되어야 한다. 주얼리의 페인트 및 표면 코팅재의 가용 성분은 소비자 안전 규격 ASTM-F963-11에서 요구되는 바와 같이 완구의 페인트와 표면 코팅재에 있는 가용성 물질을 용해시키는 방법에 따라 테스트되어야 한다.

소비자 안전규격 ASTM-F963-11에 따라 표면 코팅재의 견본 중량이 10㎎ 미만인 경우, 그 견본은 코팅재의 용해성 중금속에 대해 테스트하지 않는다.[63] 용해 수준은 ASTM-F2999의 14.2에 명시된 대로 함유된

〈표 4〉 ASTM-F2999 표면 중금속 함량

Maximum Soluble Migrated Antimony, Arsenic, Barium, Cadmium, Chromium, Mercury and Selenium from Paint and Surface Coating of Adult Jewelry

Element	Antimony (Sb)	Arsenic (As)	Barium (Ba)	Cadmium (Cd)	Chromium (Cr)	Mercury (Hg)	Selenium (Se)
Maximum soluble element (in mg/kg or ppm) in paint or surface coatings of adult jewelry[A]	60	25	1000	75	60	60	500

[A] Due to interlaboratory variability, Specification F2923 and Consumer Safety Specification F963-11 establish the following analytical correction factors (in %): Sb, As and Se: 60%; Hg: 50%; Ba, Cd, and Cr: 30%.

(source: ASTM)

---

62 ASTM-F2999-14 Standard 7.1: Specifications for Antimony, Arsenic, Barium, Cadmium, Chromium, Mercury, and Selenium in Paint and Surface Coatings of Adult Jewelry. p.3

63 ASTM-F2999-14, Standard 7.1: Specifications for Antimony, Arsenic, Barium, Cadmium, Chromium, Mercury, and Selenium in Paint and Surface Coatings of Adult Jewelry. p.3.

고체를 용해시켜서 알아내야 한다. 부록 A1[64]의 요구 사항을 충족시키는 경우, 대체 테스트 방법을 사용할 수 있다. 페인트와 표면 코팅, 얇은 막이 금속, 나무, 돌, 종이, 가죽, 천, 플라스틱 또는 기타 표면에 바르면 고체 박막으로 변하며 미분된 착색 물질의 현탁액 유무에 관계없이, 유체, 반유체 또는 기타 물질 등이다.[65] 〈표 4〉에서와 같이 성인용 주얼리의 페인트와 표면 코팅제에서 최대 용해되는 성분 단위(mg/kg)이고 주성분은 안티몬, 비소, 바륨, 카드뮴, 크롬, 수은, 셀레늄이다. 성인용 주얼리의 기질(基質) 자체 기본 물질과 관련하여 안티몬, 비소, 바륨, 크롬, 수은 및 셀레늄에 대한 기준은 잠재적 안전 위험을 설정하는 자료가 없으므로 성인용 주얼리에 사용되는 기질 물질에서 안티몬, 비소, 바륨, 크롬, 수은 및 셀레늄에 대한 〈표 4〉의 기준 적용 제한을 수립하지 않는다. ASTM-F2999 성인용 주얼리의 니켈 노출에 관한 사항은 ASTM-F2999 10.1 니켈에 민감한 성인을 위한 내용 부분에 있다. 니켈 테스트 방법에는 F-2999 14.6에 명시된 테스트 방법이 포함되나 이에 국한되지 않는다. 참고 자료는 EN 1811: 2011과 CR 12741: 2002; EN, 12472: 2009이다.[66]

---

64 ASTM-F2999-14, A1. ALTERNATIVE TEST METHODS(Mandatory Information), 2014, p6

65 ASTM-F2999-14, Standard 3.1.4: paint and surface coating. 2014, p.2.

66 ASTM-F2999: Standard 10.1. p4/ EN(European Standards)/CR(Chromium Standard).

(3) 중금속 납 함유량

성인용 주얼리의 전체 납 성분의 최대 한계[67]를 〈표 5〉와 같이 나타내고 있다. 기질 성분이 ASTM-F2999에서 규정하는 물질에 제외되지 않은 경우, 성인용 주얼리에 사용할 수 있는 성분은 ASTM-F2999 납 함유량 제한을 준수해야 한다.[68] 표면 코팅에 적합한 전기 도금된 금속은 6.0% 이고 도금되지 않은 금속은 1.5%이다. 아크릴, 폴리스티렌, 플라스틱 구슬과 돌 및 PVC[69]를 포함해서 플라스틱이나 고무는 200PPM이다. 별도 분류되지 않은 물질은 600PPM 이하이고 페인트 또는 표면 코팅도 600PPM까지가 한계임을 나타내고 있다. 성분이 성인용 주얼리 규정에서 제외되지 않은 경우, 성인용 주얼리에 사용할 수 있는 성분은 〈표 5〉의 납 함유량 제한을 준수해야 한다.

전체 납 함유량에 대한 테스트는 소비자 안전규격 ASTM-F96[70]에 따라 유사한 복합 테스트가 허용되며 이는 물질에 적합한 방법에 따라 수행되어야 한다.[71]

---

67 ASTM-F2999-14: Lead Content Limits for Adult Jewelry, 2014, p.3.

68 Where components are made of the same material, only one component is subject to any chemical test references in ASTM-F2999 standard. 2014, p.3.

69 Polyvinyl Chloride. 염화비닐의 단독중합체 및 염화비닐을 50% 이상 함유한 혼성중합체 (混成重合體)를 일컫는다. (출처: 두산백과)

70 ASTM-F96 (2015): Standard Specification for Electronic Grade Alloys of Copper and Nickel in Wrought Forms.

71 ASTM-F2999-14, Specification for Lead in Adult Jewelry 5.1.1/2/2.1. 2014, p.3.

〈표 5〉 ASTM-F2999 납 함유량 한계

Lead Content Limits for Adult Jewelry

Materials Covered (Except as Excluded per Table 2)	Maximum Total Lead Limits in Adult Jewelry
Electroplated metal with suitable under and finish coats	6.0%
Unplated metal	1.5%
Plastic or rubber, including acrylic, polystyrene, plastic beads and stones, and polyvinyl chloride (PVC)	200 ppm
Materials not otherwise classified	600 ppm
Paint or surface coating	600 ppm

(source: ASTM)

ASTM-F2999-14에서 성인용 주얼리의 납 제한으로 제외되는 물질에 〈표 6〉과 같이 납이나 납을 함유하는 금속이 첨가되지 않은 것과 '303 Pb(UNS S30360)'로 지정된 스테인리스 스틸이 있다. 또한 통합 번호 시스템 UNS S13800-S66286에서 지정된 범위의 스테인리스 스틸 또는 외과용 스틸도 포함하지 않는다.

그밖에 제외되는 금속 및 용어[72]로는 〈표 6〉과 같이 금, 순은(최소 925/1000), 백금, 팔라듐, 로듐, 오스뮴, 이리듐, 루테늄, 티타늄이 있고 진주에는 천연 또는 양식 진주가 있다. 보석으로는 다이아몬드, 루비, 사파이어, 에메랄드 등을 포함하여 묘안석(캣츠아이), 큐빅 지르코니아, 큐빅 지르코늄(CZ) 등은 포함되지 않는다. 납이나 납 화합물을 기초로 하지

---

[72] ASTM-F2999-14, Specification for Lead in Adult Jewelry 5.2.1/ Materials Excluded from Lead Limits in Adult Jewelry [Table 2]. 2014, p.3.

〈표 6〉 ASTM-F2999 납 테스트 제외 물질

Materials Excluded from Lead Limits in Adult Jewelry

Stainless or surgical steel within the designations of Unified Numbering System UNS S13800 – S66286, not including the stainless steel designated as 303 Pb (UNS S30360), provided that no lead or lead-containing metal is intentionally added

Precious metals: gold; sterling silver (at least 925/1000); platinum; palladium; rhodium; osmium; iridium; ruthenium; titanium

Natural or cultured pearls

Precious gemstones: diamond, ruby, sapphire, emerald

Glass, ceramic, or crystal decorative components, including cat's eye, cubic zirconia, cubic zirconium (CZ), rhinestones, and cloisonné

Semiprecious gemstones and other minerals, provided they are not based on lead or lead compounds, excluding aragonite, bayldonite, boleite, cerussite, crocoite, ekanite, linarite, mimetite, phosgenite, samarskite, vanadinite and wulfenite

Wood, provided it is not treated in any way to add lead

Paper and similar materials made from wood or other cellulosic fiber, including, but not limited to, paperboard, linerboard and medium, and coatings on such paper that soak into the paper and cannot be scraped off the surface

Elastic, fabric, ribbon, rope, or string, unless it contains intentionally added lead

All natural decorative material, including amber, bone, coral, feathers, fur, horn, leather, shell or wood, that is in its natural state and is not treated in a way that adds lead

Adhesive

Repurposed components. Repurposed components are "found" objects that are incorporated into jewelry, and may include, but are not limited to, silver or pewter utensils, bottle caps, buttons.

(source: ASTM)

않은 준보석과 기타 광물 등도 제외된다. 납을 첨가하지 않은 목재나 기타 셀룰로오스계 섬유로 만든 종이 및 유사한 재료, 의도적으로 납을 첨가하지 않은, 신축성 직물, 섬유, 리본, 로프 또는 끈 등도 있고, 호박, 산호, 뿔, 가죽, 조개 또는 목재를 포함하여 자연 상태이며 어떤 방식으로든 납을 첨가하지 않은 모든 천연 장식 소재도 제외된다.

(4) 중금속 카드뮴 함유량

ASTM-F2999-14 성인용 주얼리에 사용되는 특정 소재의 카드뮴에 대한 규격에서 사용 가능한 금속이나 플라스틱 고분자 성분의 경우, 전체 카드뮴 함량에 대해 검사해야 한다. 성인용 주얼리에 포함된 성분 중에서 1.5% 이하의 총 카드뮴을 함유하는 것은 이동 가능한 카드뮴에 대해 테스트할 필요가 없으며, 검사 한계의 준수는 F2999 14.1에 포함된 적절한 방법으로 설정될 수 있다. 성인용 주얼리에 포함된 성분 중에서 이 검사 수준을 초과하고 잠재적으로 섭취 가능하거나 삼킬 수 있는 성분은 산 추출 테스트를 사용하여 용해성 카드뮴에 대해 테스트할 수 있다. 삼킬 수 있는 부분은 ASTM-F2999 표준 14.7 방법[73]으로 〈그림 7〉과 같이 확인해야 한다.[74]

---

73 ASTM-F2999 Standard 14.7: Test Requirements for Identifying Swallowable Components and Small Objects. 2014, p.5.

74 ASTM-F2999 Standard 8, 8.1: Specification for Cadmium in Certain Substrate Materials of Adult Jewelry. 2014, p.3, p.4.

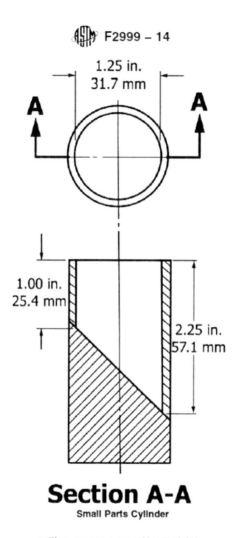

〈그림 7〉 ASTM-F2999 소형 부품 실린더

성분이 플라스틱이나 고분자 물질인 경우에는 F2999 14.3에 명시된 방법을 사용하여 용해 수준을 알 수 있고, 성분이 금속인 경우에는 F2999 14.4에 명시된 방법과 함유량 한계를 사용하여 밝힐 수 있다. 입에 넣을 수 있지만 섭취하거나 삼킬 수 없는 부품은 F2999 14.5에 명시된 방법을 사용하여 식염수 추출 테스트로 시험할 수 있다. 〈그림 7〉 테스트기와 기준으로 주얼리 제품이나 부품의 한쪽 규격이 5㎝ 미만인 경우 입에 들어갈 수 있다. 대체 테스트 방법은 그 방법이 부록 A1[75]의 요구 사항을 충족시키는 경우 이 방법들 대신에 사용될 수 있다.[76] 소형의 주얼리를 삼켰을 경우 목에 걸리지 않고 바로 식도를 통해 통과하는 것을 점검하는 기구로서 주얼리를 제조할 때 디자인과 제품 모델의 유형에서 참조를 해야 한다.

플라스틱 주얼리 성분에서 카드뮴 사용 가능성을 측정하는 방법은 이렇다. 총 카드뮴이 1.5%를 초과하며 삼킬 수 있는 주얼리의 플라스틱 성분은 소비자 안전 규격 F963-11에 따라 이동 가능한 카드뮴에 대해 테스트되어야 하며 추출된 카드뮴은 75mg/kg(75PPM)를 초과하지 않아야 한다.

금속 주얼리 성분에서 카드뮴 사용 가능성을 측정하는 방법은 이렇다. 총 카드뮴이 1.5%를 초과하며 삼킬 수 있는 주얼리의 금속 성분은

---

75 ASTM-F2999 Standard A1: ANNEXES ALTERNATIVE TEST METHODS, 2014, p.6.

76 ASTM-F2999 Standard 8, 8.1: Specification for Cadmium in Certain Substrate Materials of Adult Jewelry. 2014, p.3, p.4.

ASTM-F2999 14.4.1과 CPSC-CH-E1004-11[77]에 따라 이동 가능한 카드 뮴에 대해 테스트되어야 하고 추출된 카드뮴은 200㎍를 초과하지 않아야 한다. 금속과 플라스틱 모두 ASTM-F2999 14.4에서 측정된 분석 결과는 실험실에서 추정되는 분석 보정 계수 30%를 뺀 값으로 조정되어야 한다.[78]

2) ASTM의 아동용 주얼리 규정, ASTM-F2923

(1) 아동용 주얼리 규정

ASTM-F2923-14는 아동용 주얼리의 소비자 제품 안전에 대한 표준 규격이다. 소비자 안전 규격의 목적은 아동용 주얼리에 대해 국가에서 인정한 안전 요구 사항과 테스트 방법을 확립하는 데 있다. ASTM-F2923 규격은 아동용 주얼리의 명시된 요소 및 특정한 기계적 위험에 대한 요구 사항과 테스트 방법을 설정한다. 여기에는 연령 표시 라벨과 경고 및 주된 사용자들(아동 또는 성인)의 식별 지침도 포함된다. 이 규격이 아동용

---

77 CPSC Test Method: Standard Operating Procedure for Determining Cadmium (Cd) Extractability from Children's Metal Jewelry, CPSC, February 03, 2011.

78 ASTM-F2999 Standard 14.3, 14.3.1, 14.4,: Method to Determine Cadmium Availability in Plastic Jewelry Components, 2014,. p.4, p.5.

주얼리의 모든 위험을 포함하는 것은 아니다. 안전과 관련된 경우를 제외하고, 제품의 성능이나 품질을 다루지 않는다. ASTM-F2923 규격은 주얼리가 모든 연령층에 대해 적용되는 사항은 아니며, 부모의 주의 깊은 감독이 없는 경우 주얼리는 3세 이하의 아동들에게는 권장되지 않는다.

ASTM-F2923 규격은 주로 아동이 착용하는 장신구 제품으로 12세 이하의 아동들을 위해 디자인되고 고안된 것이다. 여기에는 어린이가 사용하는 장신구와 팔찌에 사용할 수 있는 신발 장식품으로 어린이가 제거하거나 착용하도록 고안된 제품이나 제품의 부품이 포함된다. 12세 이상의 사용자가 주로 사용하도록 디자인되고 고안된 주얼리는 ASTM-F2999 성인용 주얼리 표준에 따른다.

ASTM-F2923 규격은 완구 주얼리 또는 어린이가 놀 때 사용하도록 고안된 제품들로 인형이나 봉제 동물 완구에 사용하는 목걸이, 놀이 용도의 주얼리에는 적용되지 않는다. 예를 들면 핸드백, 벨트와 같은 액세서리, 의류, 신발류, 주된 목적이 열쇠, 열쇠고리 또는 장식용 개인 용품으로 주로 착용하는 기능을 가진 기타 모든 품목들은 적용되지 않는다.

아동용 주얼리는 12세 이하의 어린이가 주로 사용하도록 고안된 주얼리이다. 아동용 주얼리로 간주되어야 할 경우 포장이나 전시, 판촉 또는 광고가 12세 이하 어린이의 사용에 적합하도록 제시되어야 하고 포장, 전시 또는 광고되는 다른 제품들과 함께 넣거나 포장되어 판매되어야 한다. 12세 이하 어린이의 사용에 맞는 크기이고, 13세 이상의 소비자가 주로 사용하도록 디자인된 것이 아니어야 한다. 그리고 소매상, 카탈로그 또는 온라인 웹 사이트에서 제공되는 제품은 주로 12세 이하의 어린이용으로 디자인 및 고안되었다는 것을 표시하는 라벨을 부착해야 하며 '3세 이상 어린이용', '4~8세용'과 같이 기재되어야 한다.

(2) 표면 코팅에 대한 중금속 규격

ASTM-F2923 소비자 안전 규격에는 다음과 같은 항목들이 포함된다. 연령 표시 라벨, 아동용 주얼리의 납에 대한 규격, 아동용 피어싱 주얼리에 대한 규격, 아동용 주얼리의 페인트와 표면 코팅에 포함된 안티몬, 비소, 바륨, 카드뮴, 크롬, 수은 및 셀레늄에 대한 규격, 아동용 주얼리의 기판 소재에 포함된 카드뮴에 대한 규격, 아동용 주얼리의 금속 부품에 포함된 니켈에 대한 규격, 액체로 채워진 아동용 주얼리에 대한 규격, 아동용 주얼리에 대한 기계적인 요구 사항, 테스트 방법 등을 기준으로 함께 안내하고 있다.

ASTM-F2923 예방 조치 문구는 규격의 테스트 방법 부분에만 적용되며 주얼리 사용과 관련된 모든 안전 문제를 다루지는 않는다. 적절한 안전과 건강상 위험을 예방하고 사용 전에 규제의 적용 가능성을 결정하는 것은 F2923 규격을 사용하는 사람의 책임으로 규정하고 있다.

ASTM-F2923의 납과 카드뮴 안전에 대한 규격은 ASTM-F2999 성인용 주얼리에 대한 소비자 안전 규격을 활용하고 있다. 그중 어린이용 비금속 제품(어린이용 금속 주얼리를 포함)에 관해 규정하고 있는 CPSC-CH-E1003-09, CPSC-CH-E1002-08, CPSC-CH-E1001-08를 활용하여 전체 납을 측정하고 있으며, 어린이용 금속 주얼리의 카드뮴 추출 측정은 CPSC-CH-E1004-11[79]를 기준으로 삼고 있다.

미 연방규정 코드(CFR, Code of Federal Regulations)[80] 기준에는 여러 가지가 있다.

우선 CFR 1500.4에는 유해 물질에 대한 인체 실험이 기재되어 있고 CFR 1500.14[81]에는 본 법의 3(b)항에 의해 특별한 라벨 부착이 요구되는 제품들이 있으며 CFR 1500.48에는 8세 미만의 어린이들이 사용하도록 의도된 완구와 기타 제품에서 날카로운 부분을 결정하기 위한 기술적 요건이 있다.

CFR 1500.49에는 8세 미만의 어린이들이 사용하도록 의도된 완구와 기타 제품에서 날카로운 금속이나 유리로 된 가장자리를 결정하기 위한 기술적 요건이 있고, CFR 1500.50-53에는 어린이들이 사용하도록 고안

---

79 CPSC-CH-E1004: U.S. Consumer Product Safety Commission's (CPSC) testing laboratory (LSC) in the analysis of metal items, such as children's metal jewelry, for extractable cadmium.

80 The Code of Federal Regulations (CFR) is a codification (arrangement of) the general and permanent rules published in the Federal Register by the executive departments and agencies of the Federal Government.

81 16 CFR 1500.14: Products requiring special labeling under section 3(b) of the act.

된 완구와 기타 제품의 사용에 대한 시뮬레이션 테스트 방법 등이 있다. CFR 1500.91에는 소비자 제품안전개선법 101항에 의한 특정 소재나 제품의 납 성분에 관한 결정이 있고 CFR 1500.231에는 아동용 제품의 위험한 액체 화학 물질에 대한 지침이 있다. CFR 1501.3에는 면제 조항이 있고 CFR 1501.4에는 크기에 대한 요구 사항이 있다.

아동용 주얼리 표면 코팅 물질은 〈표 7〉과 같이 가용성 소재의 무게 단위 금속 함유량에 기초하여 안티몬, 비소, 바륨, 카드뮴, 크롬, 수은이나 셀레늄의 화합물을 분석해야 한다.

〈**표 7**〉 ASTM-F2923 표면 코팅 중금속 함유량

Maximum Soluble Migrated Antimony, Arsenic, Barium, Cadmium, Chromium, Mercury and Selenium from Paint and Surface Coating of Children's Jewelry

Element	Antimony (Sb)	Arsenic (As)	Barium (Ba)	Cadmium (Cd)	Chromium (Cr)	Mercury (Hg)	Selenium (Se)
Maximum soluble element (in mg/kg or ppm) in paint or surface coatings of children's jewelry^A	60	25	1000	75	60	60	500

Due to interlaboratory variability, Consumer Safety Specification F963-11 establishes the following analytical correction factors (in %): Sb, As and Se: 60%; Hg: 50%; Ba, Cd, and Cr: 30%.

페인트와 표면 코팅재의 가용 물질을 용해시키는 방법은 이렇다. 우선 페인트와 표면 코팅재의 가용 물질은 소비자 안전 규격 ASTM-F963-11에서 완구의 페인트와 표면 코팅재의 가용 물질을 용해시키는 방법에 따라 ASTM-F2923 8항의 요구 사항을 준수하여 테스트되어야 한다. ASTM-F2923은 소비자 안전 규격 ASTM-F963-11 권장 지침에 따라 테

스트 물질을 빛으로부터 차단되도록 해야 한다고 설명한다.[82] 소비자 안전 규격 ASTM-F963-11에 따라 표면 코팅 물질 견본의 중량이 10㎎ 미만인 경우 그 견본은 코팅재의 가용성 중금속에 대해 테스트되지 않는다. 아동용 주얼리 규정은 성인용 주얼리 규정과 공유되어 있기 때문에 중복 규정은 ASTM-2999 표준에 기본을 두고 있다.

(3) 중금속 납 함유량

아동용 주얼리 제품의 납 함유량 한계는 <표 8>에서와 같이 납 성분의 최대 한계(PPM)로 보았을 때 100PPM 이하가 되어야 하고, 페인트 또는 표면 코팅은 90PPM 이하가 되어야 한다. 아동용 주얼리의 납에 대한 규격은 성인용 주얼리의 ASTM-F2999 5.1[83]항에 따라 함유량 제한과 테스트 요구 사항을 따른다. 납 테스트 표준에는 ASTM-F2999의 연방 규정법에 의거하여 CPSC-CH-E1001-08의 어린이용 비금속 제품에서 전체 납을 측정하기 위한 표준 작업 절차가 있다.

CPSC-CH-E1002-08의 어린이용 금속 제품(어린이용 금속 주얼리 포함)에서 전체 납을 측정하기 위한 표준 작업 절차를 진행하여야 한다. 그리고 CPSC-CH-E1003-09는 페인트 및 기타 유사한 표면 코팅에서 납을 측정

---

82 ASTM-F2999-14 stardard 7.2 (Reference Specification F2923).

83 ASTM-F2999 Stnadard 5.1: Lead Content Limits for Components of Adult Jewelry. 2014, p.3.

<표 8> ASTM-F2923 납 함유량

Lead Content Limits for Children's Jewelry

Materials Covered	Maximum Total Lead Limits (ppm) in Children's Jewelry
All substrates	100 ppm[A]
Paint or surface coating	90 ppm

[A] This limit will not apply to 1) any material for which the CPSC makes a finding that meeting a 100 ppm limit is not technologically feasible, and 2) any material for which an exemption from such limits has been approved by the CPSC. If the U.S. Congress adopts different standards or schedules for lead content in children's products, this standard will conform to those limits.

하기 위한 표준 테스트 절차를 진행한다.

ASTM-F2923 아동용 주얼리의 납에 대한 성분이 ASTM-F2999 성인용 주얼리 납 규격에 제외되지 않은 경우, 아동용 주얼리에 사용할 수 있는 성분은 아동용 주얼리의 페인트와 표면 코팅을 포함하여 <표 8> 납 함유량의 한계를 준수해야 한다. 전체 납 함유량에 대한 테스트는 2008년 소비자 제품안전개선법(CPSIA)의 요구 사항에 따른다. 즉, 납(Lead)은 섬유, 목재, 귀금속에서 동, 식물성 재료를 제외한 주얼리 제품 내 납의 총 함량(Total lead in substances)이 100PPM 이하가 되어야 한다.

미국은 CDC(Centers for Disease Control and Prevention) 질병 예방 센터를 통해 어린이 납 중독(10μg/dℓ)에 대한 관리를 해 오고 있으며 CDC의 감시 리소스 센터(CDC Surveillance Resource Center) 자료인 <그림 8>을 보면 1997년 납의 안전 기준이 더욱 엄격해짐에 따라 100만 명 기준으로 미국의 어린이 수가 7.5%로 큰 폭으로 증가하지만 2000년 이후 관리 기준에 따라 3%대로 지속 하락하며 2005년에는 관리가 2% 정도로 완만한 안정기에 들어간다. 그래프의 변화 추이를 보면 2005년 이후 납 중독 수치는 2% 정도로 지속 감소하지만 2010년부터 새로운 5㎍/dℓ 납 기준을 적용하면서 6% 상당의 어린이 수가 새로운 관심 대상으로 증가하는 현상을 가져왔다. 이러한 변화는 어린이용 주얼리 제품의 납 함유량에도 영향을 주어 CPSC의 주얼리 수입품에 대한 관리가 더욱 엄격하게 될 것으로 예상된다.

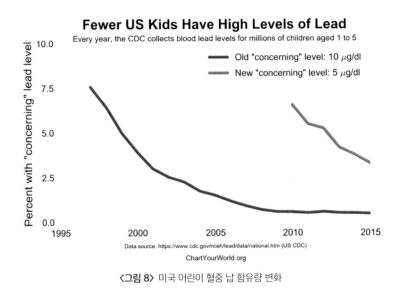

〈그림 8〉 미국 어린이 혈중 납 함유량 변화

(4) 중금속 카드뮴 함유량

아동용 주얼리에 사용되는 특정 소재의 카드뮴에 대한 규격이 있다.

아동용 주얼리에 사용 가능한 금속이나 플라스틱, 고분자 성분의 경우, 전체 카드뮴 함량에 대해 검사해야 한다. 아동용 주얼리에 포함된 성분 중에서 300PPM 이하의 총 카드뮴을 함유하는 것은 이동 가능한 카드뮴에 대해 테스트할 필요가 없다. 하지만 300PPM의 총 함유량 검사 수준을 초과하고 16 CFR 1501.4에서 정의된 부분에서 아동용 주얼리에 포함된 성분들은 산 추출 테스트를 사용하여 가용성 카드뮴에 대해 테스트해야 한다. 성분이 플라스틱이나 고분자 물질인 경우에는 F2923 13.4항에 명시된 방법을 사용하여 용해 수준을 분석하고 성분이 금속인 경우에는 F2923 13.5항에 명시된 방법과 CPSC-CHE1004-11을 사용하여 확인할 수 있다. 16 CFR 1501.4에 정의된 작은 물질이 아닌 성분은 F2923 13.6항에 명시된 방법과 규정에 따라서 식염수 추출 테스트로 시험해야 한다. 대체 테스트 방법은 ASTM 부록 F2923 A2의 요구 사항을 충족시키는 경우, 이 방법들 대신에 사용될 수 있다.

아동용 주얼리에서 카드뮴 물질의 테스트 요구 사항에서는 금속이나 플라스틱, 고분자 성분만이 카드뮴 함량 테스트를 받도록 하였다. 카드뮴의 용액 용출 분석 보정 계수는 ASTM-F2999와 동일 조건으로 테스트한다.[84] ASTM-2923 아동용 플라스틱 주얼리 부품에서 카드뮴의 사용 가능성을 알아내는 방법은 이렇다. 카드뮴의 총량이 300PPM을 초과하는

---

84 ASTM-F2923, Standard 13.5.1.1, 1.2, 1.3: Method to Determine Cadmium Availability in Children's Metal Jewelry Components. 2014, p.8.

아동용 주얼리의 플라스틱 부품이라면 소비자 안전 규격 F963-11에 따라 이동성 카드뮴에 대해 테스트되어야 한다.

2008년 소비자 제품안전개선법(Consumer Product Safety Improvement Act)이 통과된 이후로 연방법에 따라 아동 장난감 제조업체는 14세 미만의 어린이를 대상으로 하는 장난감에 카드뮴을 제한하는 업계 지침(ASTM F-963)에 따라 도료 및 표면 물질 카드뮴의 가용성 양을 75PPM으로 제한한다.

그리고 NCSL(US National Conference of State Legislatures)에 따르면 산업 표준(ASTM-F2923)은 아동용 주얼리의 카드뮴에 대하여 미국 6개 주에서는 어린이 제품의 카드뮴 관련 법규를 채택했다. 캘리포니아,[85] 코네티컷,[86] 일리노이,[87] 메릴랜드,[88] 미네소타,[89] 워싱턴[90]이다. 특히 워싱턴 주는 2009년 7월 1일부터 아동용 제품 또는 제품 구성 요소의 제조, 판매 및 유통을 0.004% 또는 40PPM으로 제한하고 있다.[91]

---

85 West Ann.Cal.Halth and Safety Code § 25214.1-2.

86 CGSA § 21a-12d.

87 IL ST CH 430 § 140/1 to 140/99.

88 MD code, environment, § 6-1401~1404.

89 M.SA § 325E.3891.

90 West RCWA 70.240.010 ~ 70.240.020.

91 NCSL: FOUNDATION FOR STATE LEGISLATURES |ANNUAL REPORTS, 2014.

CPSC에서 2011년에 시행한 ASTM-2923 카드뮴 실험 HCl[92]식염수 노출 시뮬레이션 자료를 보면 어린이 금속 주얼리(CPSC 2005b)의 ASTM F963(ASTM 2008)에 명시된 방법을 따른 것이다.

〈그림 9〉 분석 자료를 보자. A 그래프를 보면 시간의 경과에 따라 손상된 주얼리 목걸이 제품의 카드뮴 함량은 증가하지만 손상되지 않은 주얼리의 카드뮴 함량은 20시간에서 96시간의 경과에도 미미한 수준을 나타낸다. 제품 자체의 카드뮴 함량은 주얼리 손상과 함께 큰 증가 수치를 보이므로 위험할 수 있다. 즉, 표면 처리에서 중금속이 포함되지 않았다

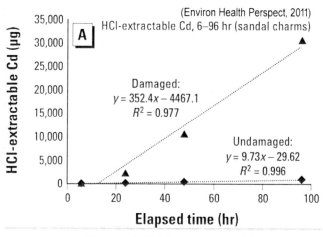

〈그림 9〉 HCl 카드뮴 추출 6~96Hour - 목걸이

---

92 Hydrogen Chloride, 염회수소, 鹽化水素. 무색에 자극적인 냄새가 나는 유독한 기체 HCl. 수용액은 염산이라 한다. (출처: 화학용어사전편찬회, 『화학용어사전』, 일진사. 2011)

면 기질 자체의 물질을 도포함으로써 중금속 함유량이 낮게 나타난다.

하지만 특정 부위를 손상시키게 되면 표면 도포의 영향이 사라지기 때문에 카드뮴 농도가 증가하게 되는 것이다. 주얼리를 물거나 삼킬 경우 시간이 경과함에 따라 카드뮴의 농도는 지속적으로 증가하게 되며 96시간에는 30,000μg까지 치솟는다. 특정 시점에 표면이 벗겨질 경우 다량의 농도가 노출될 수도 있는 위험이 존재한다.

<그림 9>는 목걸이에 대한 시간별 카드뮴 함량이고 <그림 10>은 팔찌 제품을 테스트한 결과로 6~96시간에 걸친 평균 HCl 추출 카드뮴에 대한 선형 회귀 데이터이다.[93]

손상된 제품(Damaged)과 손상되지 않은 제품(Undamaged) 모두에서 카드뮴 수치가 지속적으로 증가한다. 표면 처리에서도 중금속의 농도가 처리되어 있기 때문에 카드뮴 함량은 20시간 이후에는 5,000~22,000μg 범위로 비교적 확장 폭이 낮게 나타나지만 시간이 경과하면서 손상된 부위는 <그림 10> B와 같이 표면과 기질의 양쪽 모두 노출이 증가되어 손상되지 않은 표면의 카드뮴은 22,000μg 함유량을 나타내지만 양쪽에서 증대된 농도는 손상된 B 농도에 영향을 주어 96시간에는 80,000μg로 더 높은 수치가 나타난다. 이는 어린이가 입에 주얼리를 넣고 깨물고 표면에

---

93 Jeffrey D. Weidenhamer, corresponding author Jennifer Miller, Daphne Guinn, and Janna Pearson "Bioavailability of Cadmium in Inexpensive Jewelry", *Environ Health Perspect,,* 2011, Figure 1, 2.

손상을 가하게 되면 주얼리 본체로부터 시간 경과와 함께 더 높은 수치의 카드뮴이 노출될 수 있음을 의미한다.

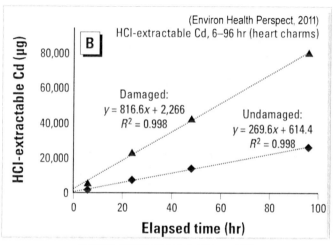

〈그림 10〉 HCl 카드뮴 추출 6~96Hour - 팔찌

2. 유럽의 규정: EN

유럽의 CIBJO[94]가 만든 Blue Book[95]은 국제 표준화기구(ISO)가 보증하며 국제적으로 널리 인정되는 유럽 표준 규정이다. CIBJO Blue Book은 다이아몬드, 컬러 보석, 진주, 산호, 귀금속 및 보석 등 조사 분석에 대한 그레이딩 표준 및 명명법의 결정 세트로 구성되어 있다. 다이아몬드, 컬러 보석, 진주, 귀금속 및 보석 산업에서 활동하는 무역 기구 및 연구소의 대표자가 포함된 관련 CIBJO 위원회에서 지속적으로 업데이트를 한다. 2007년에 귀금속과 관련하여 책이 출간되었고, 2010년에는 CIBJO Gemmological Laboratory Book이 출시되었다. 후속으로 2015년에는 CIBJO Coral Book이 시리즈에 추가되었다. Blue Book 표준의 적용은 주얼리 제조자들에 자발적 규제 요인이다. 그러나 이러한 표준은 주얼리 산업 제품의 초기 과정부터 디자인의 창작까지 포함하여 주얼리 유통 체인 등 모든 단계에서 개인 및 기업에 적용되고 있다.

국제 표준화 시스템은 ISO/TC[96] 174에서 귀금속 주얼리 분야의 표준화와 번호 시스템, 링 크기, 귀금속 색상, 귀금속 코팅 등을 분류하고 있고, ISO/CD 8654는 금, 합금의 색상 정의와 범위를 지정한다. ISO 18323:2015는 다이아몬드 산업에 허용된 설명자를 지정하며 소비자가

---

94 CIBJO: Confédération International de la Bijouterie, Joaillerie, Orfèvrerie des Diamants, Perles et Pierres.

95 The world Jewellry Confederation 홈페이지(http://www.cibjo.org/introduction-to-the-blue-books)

96 ISO/TC: International Organization for Standardization/ Technical committees.

이해하도록 특별히 고안되어 있으며, 이 표준에는 거래자들에게 더 명확한 정보를 제공하고 다이아몬드 업계 전체에 대한 소비자의 신뢰를 유지하기 위한 일련의 정의를 포함하고 있다.

〈표 9〉에서 볼 수 있듯 ISO 18323:2015는 다이아몬드, 처리된 다이아몬드, 합성 다이아몬드, 합성 다이아몬드 및 다이아몬드 모조품의 매매에 관련된 사람들이 사용하는 명명법을 담고 있고, ISO 13756:2015는 주얼리 및 실버 주얼리 합금의 은 결정, 염화나트륨 또는 염화칼륨을 사용한 부피 측정법을 말하고 있다. ISO 13756:2015는 은 귀금속 합금에서 은의 결정을 위한 용적 측정 방법을 명시하며, ISO 9202에 명시된 미세 범위 이내로 하고 이 합금에는 구리, 아연, 카드뮴 및 팔라듐이 포함될 수 있다. 유사 방법은 ISO 11427의 대안으로 권장되는 방법이 있으며, ISO 11596:2008에는 현대 주얼리 귀금속 및 관련 제품의 합금 샘플 표준이 설정되어 있고 ISO 11596:2008은 귀금속 함량을 결정하기 위해 주얼리를 샘플링하는 방법을 규정하고 있다. ISO 11596:2008의 목적은 특정 주얼리 합금의 귀금속 함량을 측정하기 위한 샘플을 얻는 데 필요한 모든 작업과 합금의 균질성을 정의하는 것이다. ISO 11596:2008에서는 공업 제품에 사용되는 귀금속의 합금, 법적 입찰로 인증된 동전, 치과 또는 다른 재료의 장식용 코팅을 다루지 않는다. 이는 귀금속 함유량 결정 이외의 생산 관리 또는 시료 제공을 목적으로 채택된 절차에 적용하기 위한 것이 아니기 때문이다.

<표 9> ISO/TC 174 주얼리[97]

ISO 8653:2016	주얼리 - 반지 사이즈 - 정의, 측정 및 지정
ISO 8654:1987	금 합금의 색상 - 정의, 색상 범위 및 지정
ISO / CD 8654	금 합금의 색상 - 정의, 색상 범위 및 지정
ISO 9202:2014	파인 주얼리 - 귀금속 합금
ISO 10713, 1992	주얼리 - 금 합금 코팅
ISO 11210:2014	주얼리 - 백금 보석 합금에서 백금 결정 - 이염 화 백금산이 암모늄의 침전 후 중량 법
ISO 11426:2014	주얼리 - 금 보석 합금에서 금의 결정 - 큐 켈레이션 법(회분법) (순도분석)
ISO 11427:2014	주얼리 - 실버 주얼리 합금의 은 결정법 - 브롬화 칼륨을 사용한 부피 측정(Potentiometric) 방법
ISO 11489:1995	백금 주얼리 합금에서 백금 결정 - 수은(I) 염화물로 환원하여 중량 측정
ISO 11490:2015	주얼리 - 팔라듐 주얼리 합금의 팔라듐 결정 - 디메틸 글리 옥심을 이용한 중량 측정
ISO 11494:2014	주얼리 - 백금 보석 합금에서 백금 결정 - 이트륨을 내부 표준 원소로 사용하는 ICP-OES 방법
ISO 11495:2014	주얼리- 팔라듐 주얼리 합금의 팔라듐 결정 - 이트륨을 내부 표준 원소로 사용하는 ICP-OES 방법
ISO 11596:2008	주얼리 귀금속 및 관련 제품의 합금 샘플링
ISO 13756:2015	주얼리 - 실버 주얼리 합금의은 결정 - 염화나트륨 또는 염화칼륨을 사용한 부피 측정법
ISO 15093:2015	주얼리 - 999 0/00 금, 백금 및 팔라듐 주얼리 합금의 귀금속 결정 - ICP-OES를 사용한 차이 방법
ISO 15096:2014	주얼리 - 999 0/00 실버 주얼리 합금의 은 결정 - ICP-OES를 사용한 차이 방법
ISO 18323:2015	보석 - 다이아몬드 산업에 대한 소비자 신뢰성

97 'ISO/TC 174 Jewellery and precious metals', 《*Standards catalogue*》, 1978(https://www.iso.org/ committee/53874/x/catalogue/p/1/u/0/w/0/d/0).

 ISO 10713, 1992 주얼리 표준은 금 합금 코팅의 코팅 두께 요구 사항과 코팅의 금도금을 지정한다. 또한 금 합금 코팅에 관한 현재 용어(영어, 프랑스어, 독일어)를 정의하고 있으며 이 표준은 2013년에 검토 및 확정되었다. ISO 15093:2008 귀금속 표준은 999‰ 금, 백금 및 팔라듐 주얼리 합금의 귀금속을 결정하고 유도 결합 플라즈마 발광 분광법(ICP-OES)을 사용한 차별적 방법이다. 이 표준은 ISO 15093:2015에 의해 개정되었다. ISO 15093:2008은 플래티넘 주얼리, 백금, 금 주얼리 합금의 팔라듐 또는 팔라듐 주얼리 합금 중 귀금속의 명목 함량을 999‰(천분의 일 당 부품 수)로 측정하는 분석 절차를 규정하고 있다.

3. 외국의 주얼리 안전사고와
수출 환경

1) 외국의 주얼리 안전사고

2016년 캐나다 소비자 감시 단체인 CBC 마켓플레이스의 조사에 따르면 중국에서 제조된 주얼리에 캐나다 보건국(Health Canada)이 안전하다고 말하는 것보다 수천 배 더 많은 카드뮴이 들어 있다고 한다. 토론토 대학교의 연구원은 해당 주얼리를 분석한 결과 7가지 항목에서 캐나다 보건국 기준치의 15배에서 7,000배에 달하는 카드뮴을 확인했다.

미국의 국가 상해통계센터(NEISS)[98] 자료에서 나이 및 성별에 따른 주얼리 관련 상해는 1년에 평균 52,584건이 발생되었다. 특히 가정에서의 상해가 77건으로 상해 품목 카테고리 중 19번째로 많은 부상을 입고 있는 것이다.[99] 미국에서는 평균적으로 매년 19,390건의 상해가 가정에서 발생한다고 보고되고 있으며, <그림 11>에서와 같이 사고율은 2010년을 기점으로 점점 증가 추세를 나타내고 있고 특히 2015년도에는 큰 상승폭을 나타내고 있다.

이러한 현상은 2008년 미국의 소비자안전개선법(CPSIA)의 어린이 주얼리 규정 ASTM-F2923[100] 개정법 통과로 인해 주얼리 분야의 모니터링이

---

[98] NEISS: National Electronic Injury Surveillance System (2017).

[99] 'Injuries Caused by Jewelry', 《Health Grove》, Graphiq, 2017

[100] ASTM F2923-14: Standard Specification for Consumer Product Safety for Children's Jewelry, 2014.

엄격해졌기 때문인 것으로 보인다. 또한 IT 기술 발달로 더욱 세밀화된 병원전자상해통계 시스템의 주얼리 상해 부분과 ASTM 주얼리 표준 규정이 포괄적으로 함께 적용되고 있기 때문인 것으로 보인다.

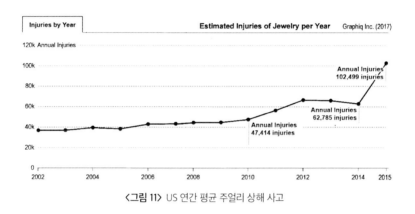

〈그림 11〉 US 연간 평균 주얼리 상해 사고

주얼리 상해 사고를 구매 연령별로 나누어 보면 0~2세에서 발생하는 상해 문제는 신체의 연령 발달 시기에서 보호자의 감독이 부주의할 때 물건을 집어먹는 본능적 행위와 조건적 반사에 기인하는 생리적 현상으로 판단되며 사고율이 높은 편이다. 〈그림 12〉에서와 같이 자의식이 없는 0~2세를 제외하면 3~12세가 대부분이므로 ASTM-F2923에 대한 국제표준과 아동용 주얼리의 중요성을 인식하게 된다. 18~24세는 성인으로 진입한 단계에서 신체의 아름다움을 중시하기 때문에 신체 장신구의 착용이 늘어나는 연령대이다. 이는 성인용 주얼리 부분에서 가장 높은 상

해를 보이고 있다. 주얼리 표준에서 18세 이상의 상해 요인은 ASTM-F2999[101]의 성인용 주얼리 규정에 적용된다.

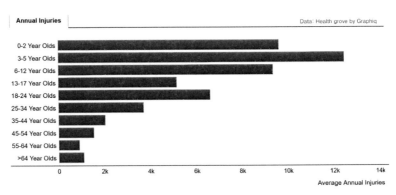

<그림 12> 주얼리 상해 사고 연령 분류

상해 사고와 더불어 ASTM-F2923 Standard 1항에는 3세 이하의 아동들에게 주얼리를 권장하지 않는다고 규정한다. 상해 사고율에서도 3~5세의 아동들이 가장 높은 수치를 보이고 다음으로 6~12세 아동이 높은 수치를 보였다. 대부분 ASTM-F2923 아동용 주얼리에 해당됨을 알 수 있다. CPSC에서는 이러한 문제를 해결하고자 2008년 소비자안전개선법을 통해 아동용 주얼리 관련법(ASTM-F2923)을 강화하였고 주얼리 품목에 대한 안전규정을 엄격히 다루고 있다.

---

101 ASTM F2999-14: Standard Consumer Safety Specification for Adult Jewelry. 2014.

〈그림 13〉 도표를 보면 성별에 의한 주얼리 상해 평균 분포가 여성이 38,122명으로 73%, 남성이 14,460명으로 27%이다. 주얼리 선호에 대한 관심도에 의해서 여성이 상당한 부분을 차지하고 있다. 남성과 여성의 연도별 주얼리 상해 사고의 변화 추이를 보면 〈그림 14〉와 같이 2002년 이후 2014년까지 성별에 대한 비율은 거의 변하지 않는 형태를 보여 주고 있다. 하지만 남성의 경우 2002년의 11,742명에서 2014년 16,113명으로 증가하였고 여성은 2002년 25,120에서 2014년 46,672명으로 상당한 증가를 나타내고 있다. 이것은 주얼리 소비의 증가와 비례하여 상해 수치도 함께 증가하고 있음을 나타내고 있다.

2007년 워싱턴주에 있는 다이소(Diaso) 매장의 팔찌와 목걸이가 기준치 초과의 높은 납 함유량을 보였다. 〈그림 15〉의 팔찌와 목걸이다. 이 문제로 인해 해당 제품들은 CPSC로부터 리콜 명령을 받았다.[102] 제조국은 한국으로 목걸이에는 금속 코드와 실버 펜던트가 있었고 팔찌에는 검정색 줄과 금속 체인 그리고 플라스틱 비즈가 어우러져 있었다. 주얼리 제품의 세부 정보는 UPC[103] 번호 984343144040(목걸이)와

---

102 'Children's Jewelry Recalled By Daiso Due to Risk of Lead Exposure', 《CPSC》 June 3, 2008(https://www.cpsc.gov/Recalls/2008/childrens-jewelry-recalled-by-daiso-due-to-risk-of-lead-exposure).

103 UPC: 범용 상품 부호 또는 세계 상품 코드는 북아메리카와 영국, 호주, 뉴질랜드 등에서 상품 식별을 위해 널리 사용되는 바코드에 쓰이는 12자리 기호.

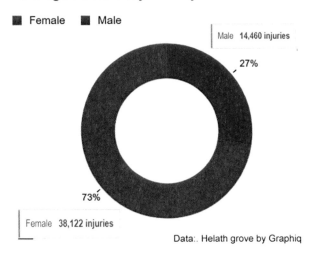

〈그림 13〉 성별에 의한 연간 주얼리 상해 사고

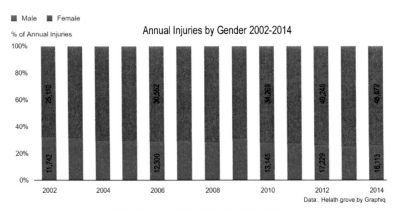

〈그림 14〉 성별 주얼리 상해 비교(2002~2014)

〈그림 15〉 CPSC 아동용 주얼리 리콜(2008)

947678164466(팔찌) 라벨을 통해 상세한 파악이 가능하다. 리콜 명령을 받은 기록은 소비자에게 그대로 노출되기 때문에 수출 기업은 큰 타격을 받을 수 있다. 소비자는 별도로 지시하지 않는 한 리콜된 제품의 사용을 즉시 중지해야 한다. 리콜된 소비자 제품을 재판매하거나 재판매하려는 시도는 불법으로 규정하고 있다.

미국 시장에 소비재 제품의 판매를 위한 제조업체, 수입자, 유통 업체 및 소매업체는 관련 정보를 CPSC에 즉시 보고할 법적 의무가 있다. 보고 의무 내용은 소비자에게 심각한 상해 위험을 야기하고 상해나 사망의 위험을 초래하는 제품, 그리고 해당 소비자제품안전규칙을 준수하지 않거나 CPSA[104] 또는 CPSC에 의해 시행되는 기타 법령에 따라 규칙, 규정, 표준 또는 금지를 준수하지 않는 제품 등이다. 제조사 및 수입업자에게만 적용되는 CPSA는 특정 유형의 소송도 포함된다. CPSA 제15조 (b)항은 대상 기업이 상거래에서 유통한 제품이 해당 소비자제품안전규칙 또는 자발적인 소비자 제품 안전표준을 준수하지 않는다는 정보를 확인했을 때 보고하도록 하고 있다. 즉각적으로 보고하지 않으면 상당한 책임과 리콜 요구를 받게 된다.

2) 외국의 주얼리 수출 환경

국제 규정은 세계 시장의 규모를 대변한다. 한국은 수출 주도형 국가로서 비관세 장벽인 국제 표준화의 시장 질서에 적응해야 한다. 국내의 경우, 산업통상자원부를 비롯한 안전 통계 관련 기관에는 주얼리와 관련하여 표준화된 체계가 없는 실정이고 일반 공산품 품질 안전 항목으로 분류하거나 어린이용품에 대해 2009년 환경보건법에 근거하여 인체에

---

104 CPSA: Consumer Product Safety Act-CPSA Law and Legal.

위해한 물질에 대해 규제하고 있다.

〈그림 16〉의 글로벌 마켓 전략(GMS) 이론에서 경제 시장은 통합이다. 기업의 경쟁력은 어떻게 계획되고 실행되는지 자유시장 질서에 따라 세계 시장은 통합된 것으로 간주된다.[105]

성공적인 시장메커니즘 운용 방식은 새로운 요소 기반의 지속적 창출을 통한 경쟁우위(Competitive Advantage) 확보를 필요로 한다. 따라서 여러 주요 국가들이 자국 기업들의 세계화에 주력하고 있다.[106]

〈그림 16〉의 표준화 전략은 주얼리 산업을 포함하여 국제사회에서 필수적이다. 글로벌 기업들은 GSM 전략에 따라 세계 시장을 통합하고 제품, 구조, 가격, 안전, 전략 홍보, 신규 시장 개척에 표준화 전략을 극대화하고 있다. 21세기 세계 무역 질서는 WTO 체제 이후 자국 산업을 육성하기 위해 보호무역을 내세우며 합법적인 진입장벽을 세우고 있다. 베인은 진입장벽이 과점과 독점의 본질적 원인이 된다고 보았다. 또한 포괄적 시장에 대한 불완전 현상으로 보았으며 이러한 이론적 입장에서 진입장벽은 경쟁 제한과 독점 금지법 위반으로 신규 진입을 가로막는 요인이

---

105 Yutian Jiang, 'The global marketing strategy for high-tech companies which founded in the developing countries for entering the global market', *University of Twente*, 2016, p.4.

106 김성진, '중소기업 및 스타트업의 글로벌 진출에 관한 사례 연구와 성공전략', 한국과학기술정보원, 2016, p.2.

될 수 있다고 하였다.[107]

The GMS: A Broad Conceptualization of Global Marketing Strategy

자료:Zou & Cavusgil (2002)

〈그림 16〉 글로벌 마켓 전략(GMS) 이론

진입장벽은 국가 간 협정 체결이나 조약 비준 시 자국의 산업과 기업 경쟁력에 큰 영향을 미친다. 한국은 주얼리 산업뿐만 아니라 내수 시장이 협소함으로 인하여 자유무역협정(FTA: Free Trade Agreement)을 체결하여 수출 주도형 국가로 성장하고 있다.

FTA는 회원국 간 상품 서비스 투자 등에 대한 관세장벽을 완화함으로써 상호간 교역을 증진하기 위한 관세 철폐에 초점이 맞춰져 있다(산업자원부, 2017). 하지만 자유무역협정에는 보이지 않는 비관세 장벽이 존재한다. WTO 협정은 관세율 이외의 국제안전규격을 통하여 상품과 서비스의 수입이나 수출을 제한하는 또 하나의 무역 장벽으로 자리하게 된다.

---

107 J.S.Bain, 'Barrieres to New Competition', 1956, p.1.
한병영, '독점규제법상 진입장벽에 관한 연구', 서울대학교 대학원 법학과, 2003, p.7.

한국 주얼리 산업은 FTA 협정으로 야기된 자유무역협정의 비관세 장단점을 이해하고 국제안전규정의 시스템에 준하는 한국 패션 주얼리 안전 인증체계를 도입하며, 주얼리 수출 시장에서 자유무역협정의 장점을 적극 활용해야 할 것이다.

미국재료시험협회(ASTM International)에 따라 12,000여 개의 국제 표준화 항목이 전 세계적으로 운영되고 있다. 유럽 표준화위원회(CEN)[108] 전문에 따르면 표준은 특정 재료, 제품, 프로세스 또는 서비스의 제조업체, 사용자, 소비자 및 규제자를 비롯한 모든 이해 당사자의 견해를 총합해서 재정되고 있음을 알 수 있다. ASTM 규정과 EN 규정은 다양한 분야에서 서로 상호 보완적이며, 주얼리 국제 안전규정 ASTM2999-F2923에서도 EN 1811:2011, EN 12472:2009, CR 12471:2002, EN 12472:2009 유럽 규정을 포함하고 있다.

세계 시장 개척을 위해서는 국제표준에 준하여 제품을 제조하여야 리콜에 대한 위험과 규격의 불일치로 인한 시행착오를 줄일 수 있을 것이다. 주얼리 중소기업에서는 R&D 개발을 통하여 고품질 제품을 위한 기술을 연구하고 경쟁의 필수 요건인 국제안전기준을 갖추어야 한다.

2015년 4월 30일 국회의원회관에서 정세균 국회의원 주최로 고부가가치 주얼리 산업 육성 국회 토론회를 개최하였다. 토론회 서두의 핵심은

---

108 유럽 표준화위원회(CEN): 34개 유럽 국가의 표준화기구(National Standardization Bodies)를 통합한 협회.

2015년 2월 가서명된 한중 FTA 협정에서 이익 균형이 심각하게 훼손된 주얼리 분야의 협상으로 인해 국내 주얼리 시장이 저가 중국 상품에 잠식당할 위기에 직면해 있다는 위기의식을 표출한 것이었다.[109]

한중 FTA 협정 내용을 보면 한국은 대중국 수입에서 HS코드 제7113호(신변장식용품)와 제7114호(금·은 세공품과 부분품)에 대하여 체결 전 8%였던 중국 수입관세가 완전 철폐됐음을 알 수 있다. 반면, 한국에서 중국으로 수출되는 동일 품목은 25~35%의 관세율이 10~15년 동안 균등 철폐되거나 양허 품목에서 제외되도록 되어 있다.[110] 한국으로 수입되는 중국 제품의 관세는 즉시 철폐되지만, 한국 제품의 대중국 수출 시 적용되는 중국 측의 관세는 10년 이후에야 폐지되는 비관세 장벽이 만들어진 것이다. 이와 같이 한국의 주얼리 수출 환경은 좋지 못한 실정이다.

〈그림 17〉을 보면 국내 주얼리 산업은 국민소득이 증가함에도 불구하고 수출 비중이 줄어들고 수입 비중이 증가하는 역조 현상으로 2010년대 이후 협소한 내수 시장의 가격 경쟁에만 치중하면서 소비자의 개성과 품질 만족을 충족시키지 못하게 되었으며 이러한 수입 주얼리 제품의 유통망 확대로 주얼리 제조 기반 산업이 점점 위축되고 있는 실정이다. 국내 주얼리 시장이 수입 유통으로 고착화되면 주얼리 제조업이 붕괴될

---

109 정세균, '고부가가치 주얼리산업육성 국회토론회: 주얼리산업 양성화는 창조경제의 시작', (사)한국귀금속보석단체장협의회, (재)서울주얼리진흥재단, 2015, p.6.

110 정재림, '한-중 FTA에서 '버려진' 한국 주얼리 산업',《한국무역신문》, 2016.01.29.

수 있다.

한국 내수 시장 상황은 현재 연간 50억 원 수준에 불과한 개별 소비세의 과세 유지로 인하여 5조 원 규모의 주얼리 시장이 양성화되지 못하고 왜곡된 국내 시장 질서로 인하여 국제 경쟁력 약화에 놓여 있는 것이다.[111]

* 수출, 수입, 국민소득 추이[112]

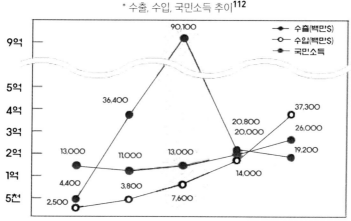

	1997	2001	2003	2010	2014
수출	4,400	36,400	90,100	20,800	19,200
수입	2,500	3,800	7,600	14,000	37,300
국민소득	13,000	11,000	13,000	20,000	26,300

〈그림 17〉 소득 추이에 따른 주얼리 수출입

---

111 정세균, 「고부가가치 주얼리산업육성 국회토론회: 주얼리산업 양성화는 창조경제의 시작」, 정세균의원실, 2015.

112 오원택, '고부가가치 주얼리산업육성 국회토론회: 주얼리산업 양성화는 창조경제의 시작/주얼리산업 발전과정과 미래 발전전략', 2015, p.13.

　<그림 18>의 통계청 사업체 조사에 따르면, 2014년 전국의 귀금속 주얼리 사업체 수는 총 1만 5,076개로 전년 대비 0.6% 감소했고, 2005년 이후 점진적 하락 추세를 보이고 있다. 업종별로는 제조업은 1,567개로 2005년 이후 2014년까지 큰 변화를 보이지 않고 있다. 도매업은 2,358개로 전년 대비 0.3% 감소했다. 소매업은 1만 1,567개로 전년 대비 1.7% 감소했다.

　<그림 17>과 같이 국민 소득이 증가함에 따라 수입은 19.2억 달러로 약화되는 반면 수입은 37.3억 달러로 늘어나고 있는 추세를 보인다. 이러한 현상은 <그림 18>에서와 같이 수입이 확장될수록 국내 내수 소매업

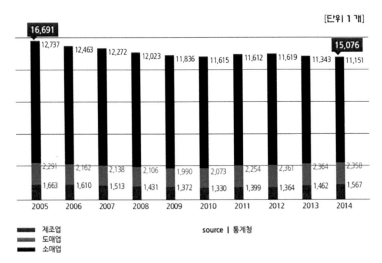

[단위 1 개]

	2005	2006	2007	2008	2009	2010	2011	2012	2013	2014
소매업	12,737	12,463	12,272	12,023	11,836	11,615	11,612	11,619	11,343	11,151
도매업	2,291	2,162	2,138	2,106	1,990	2,073	2,254	2,361	2,364	2,358
제조업	1,663	1,610	1,513	1,431	1,372	1,330	1,399	1,364	1,462	1,567

16,691　　　　　　　　　　　　　　　　　　　　　　15,076

■ 제조업
■ 도매업
■ 소매업

source | 통계청

<그림 18> 한국 귀금속 보석 사업체 수 변화

이 위축되는 현상이 나타나며 내수 시장 문제점을 잘 표현하고 있다.

2015년 서울 주얼리 센터 개관식에서 박원순 서울시장은 전국 주얼리 산업 종사자의 약 50%가 서울에 밀집돼 있고, 그중 40%가 종로에 집적돼 있는 만큼 종로 주얼리 산업의 활성화 지원을 통해 장단기적으로 놀랄 만한 경제적 효과를 기대할 수 있다고 밝혔다.[113] 정부와 지자체 모두 고부가가치의 주얼리 산업 인식에는 큰 기대를 하고 있다. 세계 FTA 경제 영토 확장과 더불어 한국 주얼리 산업은 국내를 넘어 글로벌 시장으로 가기 위한 초석이 필요한 시점에 와 있다.

2015년 세계 주얼리 시장은 〈그림 19〉와 같이 단일 시장이었다. 즉, 미국이 550억 달러이고 중국이 502억 달러로 나타나는 구조다. 유럽은 160억 달러이나 EU 공동체의 지역별 국가로 분리되며 단일 시장인 미국과 중국에 비해 다소 낮게 나타난다. 세계 패션 브랜드의 주얼리 산업 수출 전략은 세계 자유무역과 병행하여 수입 관세가 하락하면서 프랜차이즈로 옮겨 갔고 주얼리 브랜드는 제품과 공급망을 확장시켜 더 많은 시장 통제권을 행사하고 있다.

월드 톱 익스포트(World's Top Export) 통계 자료에 따르면 주얼리 HS[114] 관세코드 7113으로 분류된 주얼리 수출액은 국가별로 2016년에

---

113 김재섭, '서울시, 오는 11일 '서울주얼리지원센터' 개관', 《국제뉴스》, 2015. 07. 10.

114 HS 협약. The International Convention on the Harmonized Commodity Description and Coding System.

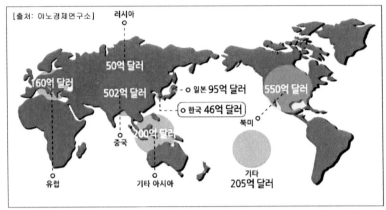

고부가가치 주얼리산업육성 국회토론회 : 주얼리산업 양성화는 창조경제의 시작 [전자자료] 2015

〈그림 19〉 세계 주얼리 시장

953억 달러에 달한다. 세계 주얼리 수출액은 2012년 이후 선적 기준으로 1,125억 달러였으나 세계 경기 하강으로 모든 수출국에서 평균 -15.3% 의 하락세를 보였다. 그러나 2016년 대륙별로 보면 아시아 국가는 주얼리 수출액이 가장 많았으며, 총 수출액은 538억 달러로 전 세계 총액의 56.5%를 차지했다. 2위는 유럽의 수출 업체가 31.2%였던 반면 세계 주얼리류 출하량의 11%는 북미 지역이고 아프리카 지역은 0.2%에 불과했다.[115] 아프리카 지역은 다이아몬드 원석(HS, 7102)과 관련된 산업 구조로 이루어져 있기 때문으로 보인다.

---

115 'Jewelry Exports by Country', 《World's Top export》, Nov 11th, 2017.

HS코드 7117 패션 주얼리의 최대 수출국은 〈그림 20〉에서와 같이 수출액과 성장률에서 중국이 압도적인 수치를 나타내고 있고 수출액은 낮지만 질적인 성장률에서는 이스라엘이 큰 폭의 성장세를 나타내고 있다. 싱가포르는 중개무역의 특성을 가지고 있어 실제 주얼리 제조와 수출입의 수치는 다른 주얼리 제조 국가와 차이가 있다. 미국은 수출에서는 큰 영향이 없으며 성장률은 보합세를 보이며 대부분 수입에서 세계의 시장을 형성하고 있다. 〈그림 20〉의 주얼리 수출 성장률에서는 한국은 수출국에서 인도와 더불어 하락하는 모습을 볼 수 있다. 이러한 현상은 수출보다 수입에 의존한 유통 구조의 구조적 취약성 때문으로 분석된다.

대미 무역에 관한 한 중국은 한국과 대부분의 수출 제품에서 경쟁국이다. 특히 〈그림 20〉에서 확인할 수 있듯 주얼리 제품에서 중국 수출액은 〈그림 21〉의 자국 제품 수입액에 대비하여 상당히 저조하다. 이는 한중 FTA 주얼리 협상에서 나타난 자국 주얼리 시장 보호 정책을 잘 표현하고 있다.

아시아 태평양 국가의 대미국 수출 경쟁은 치열하다. 최대 수출국인 중국 기반 회사들이 점차 가격보다는 품질 경쟁에 뛰어들고 제품을 다양화하기 때문이다. 주얼리 업계의 향후 전망은 매우 밝다. 소비자들의 패션에 대한 욕구 증대로 관련 사업인 주얼리 제품에 대한 수요도 증가할 것으로 보이기 때문이다. 특히 젊은 연령의 소비자들은 개성 있는 주얼리를 선호하여 남들과 차별화된 장신구에 더 많은 돈을 지출하고 있다.

리콜 없는 주얼리 수출

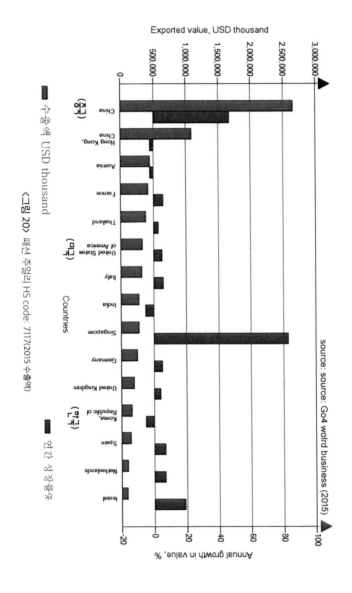

〈그림 20〉 패션 주얼리 HS code: 7117(2015 수출액)

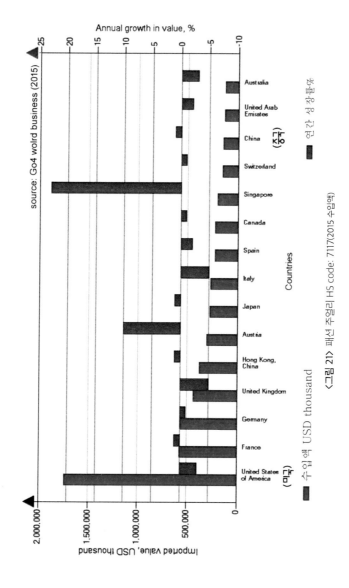

<그림 21> 패션 주얼리 HS code: 7117(2015 수입액)

　　〈그림 20〉에서 보여 주는 중국 주얼리 수출 공정 작업은 대부분 광동성을 기반으로 한다. 심천에는 2,000개 이상의 주얼리 회사가 있으며 연간 생산액은 80억 달러에 이른다. 이것은 중국의 실제 주얼리 생산량의 70% 이상으로 추산된다. 중국은 주로 저렴한 비용의 제품 모델에서부터 고도의 숙련된 기능 인력으로 다이아몬드 레이저 절단, 컴퓨터 다이아몬드 커팅 및 유색석에 대한 정밀한 로봇 절단과 같은 최첨단 기술로 전환하고 있고 보석 가공 기능인들에 대한 기술 향상에 막대한 투자를 하고 있다.

　　〈표 10〉은 미국의 카테고리별 주얼리 매출 시장을 나타내고 있다. 코스튬과 파인 주얼리 전체 시장을 보면 2010년 494억 달러가 2015년 632억 달러로 늘어, 지속 증가한 것을 알 수 있다. 코스튬 주얼리 시장은 2010년 92억 달러였다가 2013년 100억 달러를 넘었으나 2014년 97억 달러로 약세를 보이다가 다시 2015년에 회복을 하고 있는 추세이다. 패션 주얼리 시장은 〈그림 20〉에서 보았듯이 중국이 세계 수출 총량의 대부분을 차지하고 있다. 미국 주얼리 시장의 매출 전망은 〈표 11〉에서와 같이 2016년 645억 달러에서 2020년 731억 달러로 코스튬 주얼리와 파인 주얼리 모두 지속적으로 증가될 것으로 예상된다. 한국의 주얼리 수출 기업은 단기적으로 내수 시장의 수입을 창출하는 데 힘을 쏟기보다 장기적 관점에서 수출에 대한 제조 경쟁력을 향상시키고 품질을 개발해

나가는 것이 좋을 것으로 보인다. 이것이 미래에는 큰 기회가 될 수 있을 것이다.

〈표 10〉 미국 주얼리 카테고리별 매출액(2010~2015)

(단위: 백만달러)   (Source: Euromonitor)

	2010	2011	2012	2013	2014	2015
전체	49,434	54,505	57,584	61,060	62,023	63,291
코스튬 주얼리	9,230	9,516	9,761	10,546	9,782	10,083
파인 주얼리	40,204	44,989	47,823	50,514	52,241	53,208

〈표 11〉 미국 주얼리 카테고리별 매출 전망(2016~2020)

(단위: 백만달러)   (Source: Euromonitor)

	2016	2017	2018	2019	2020
전체	65,472	67,496	69,514	71,346	73,118
코스튬 주얼리	10,326	10,531	10,817	10,976	11,119
파인 주얼리	55,146	56,965	58,697	60,370	61,999

패션 주얼리는 파인 주얼리와는 달리 가격이 저렴하고 구매 특성상 다수의 제품을 구매하게 된다. 한국 주얼리 수출 기업은 IT 기술 발달과 함께 세계 최대의 주얼리 소비국인 미국의 구매 형태 변화를 이해할 필요가 있다. 유엔무역개발협의회(UNCTAD)가 지난해 발표한 보고서에 따르

면, 2014년 미국 소비자가 중국에서 직구[116]한 금액은 30억 8,900만 달러였다고 한다. 가격과 유행에 민감한 소비자들을 중심으로 중국 소비재 사이트 직구가 늘어나고 있는 추세이다. 중국에서 직접 주문을 받아 배송하는 시스템으로, 미국에서도 페이팔(Paypal)로 간단하게 결제가 가능하며, 페이스북(Facebook)이나 인스타그램(Instagram)등 소셜 미디어를 통해서 미국 소비자들에게 홍보하고 있는 데다 저렴한 가격 때문에 이용하는 소비자들이 증가하고 있다.[117]

한국의 주얼리 수출 기업은 앞으로 이러한 온라인 시스템을 잘 활용해야 할 것이다. 세계의 교역은 점차 온라인과 오프라인이 함께 움직여 가고 있으며, 온라인 구매의 경험은 오프라인의 경험적 신뢰성과 함께 소비자의 구매의욕을 더욱 높여 줄 것으로 보인다.

〈표 12〉 글로벌 비점포 유통을 유형별로 분석하면 전체 유통 유형 중 인터넷 유통이 990,678M$(74.9%)로 대부분 차지하고 있고 순수 인터넷 유통의 규모도 2011~2015년 기간 중 693,554M$(146.9%) 상승하여 인터넷이 새로운 유통 경로로 강세를 보이고 있다.[118] 테크나비오(Technavio)의 애널리스트들은 2017~2021년 기간 동안 전 세계 온라인

---

116 직구: 해외로부터 인터넷, 온라인 등으로 직접 구매하는 소비 패턴 및 행위를 말한다.
117 김동그라미, '미국 온라인 소비자 절반이 '해외 직구'한다', 《KOTRA》, 2017.11.14.
118 '글로벌 유통현황 및 진출동향', 《KOTRA》, 2016, p.9.

보석 소매 시장이 연평균 16.59% 성장할 것으로 전망했다.[119]

<표 12> 글로벌 비점포 유통 유형별 변화 추이

(단위: 백만달러)   (Source: Euromonitor)

유형	2011	2012	2013	2014	2015
직접 판매	133,455	136,226	137,537	137,767	131,971
홈쇼핑	196,878	188,513	174,265	168,843	154,708
인터넷 유통	482,821	575,857	696,089	851,208	990,678
순수 인터넷 유통	280,911	348,663	439,471	566,173	693,551
모바일 유통	30,183	54,995	97,331	195,717	333,073
자동판매기	63,186	61,063	55,022	51,951	45,802
전체	876,339	961,659	1,062,912	1,209,768	1,323,159

따라서 한국은 세계 최대 제조 수출국인 중국의 정책 기조를 이해하고 경쟁적 우위를 선점하기 위해 수출 산업을 육성하는 정책이 필요하다.

중국은 자국의 주얼리 산업 육성과 동시에 대미국의 수출 역량을 강화해 나가기 때문에 수입은 비관세 보호 무역으로 방어를 강화하고 수출 부분은 자유 경쟁 질서를 내세워 추진해 나갈 것으로 보인다.

2015년 6월 한중 FTA 쟁점과 재협상 보고서에서 중국은 2001년 세계무역기구(WTO) 협정 가입 이후 관세를 상당 부분 낮춘 상태이기 때

---

119 'Global Online Jewelry Market 2017-2021', 《*Technavio world report*》, Apr 11th, 2017.

문에 관세가 아니라 각종 까다로운 비관세장벽, 특히 TBT(Technical Barriers to Trade)를 통하여 한국 기업의 중국 시장 진출을 막고 있다고 하였다. 또한 한중 FTA 세부 쟁점에서는 중국 강제인증제도(CCC: China Compulsory Certification) 시험인증시장을 외국계 기관에 개방해 미국계 인증기관 UL과 유럽계 인증기관 SGS(Société Générale de Surveillance)를 CCC 시험소로 지정하였다.[120]

주얼리 산업에도 해외인증시스템을 도입할 경우 한국에게 또 다른 불리한 조건이 형성될 수 있다. 2015년 6월 1일 한중 FTA 정식 서명 이후 한중 FTA 주얼리 관세 양허 기준은 중국에게 10년간 유예기간을 주었다. 이 기간 동안 국제안전기준 ASTM2999와 ASTM2923 및 EN 규정을 중국 내수 시장 주얼리 표준화에 적용한다면 대미 수출 활용과 함께 한국에 대한 추가적 진입장벽 강화로 연결될 수 있을 것이다. 이러한 경향 속에 중국은 2003년 이후부터 150여 종의 제품에 대해 중국강제인증마크(CCC) 부착 표시를 요구하고 있으며 TBT 통보문에서 이 요구에 부합하지 않아 수입을 거절한 건이 2016년 1,174건이다. 이는 미국에 이어 세계 2위의 수치다.[121] WTO 가입 초기에는 TBT 통보의 목적이 주로 국제표준과의 통일에 있었던 것으로 보이나 현재 중국의 TBT는 수입 상품에

---

120 노주희, '한중 FTA주요쟁점 및 재협상의 필요성 보고서', 2014년 7월, p.37.

121 최동근, 'WTO 출범 이후 TBT(무역기술장벽)의 통보동향과 시사점', 한국표준협회, 국가기술표준원, 2017, p.27.

대한 진입장벽으로 중국 시장으로의 비관세 장벽인 규제성 성격을 띤다는 지적을 받고 있다.[122]

중국 진출 기업 209개 중 26%인 54개 기업이 자사 제품에 기술 규제 및 품질 안전 인증을 적용받고 있으며 인증 종류는 〈그림 22〉와 같은 분포를 보이고 있다. 이들 기업 중 인증 관련 고충을 겪은 기업은 전체의 약 30%인 16개 기업으로 나타났다.[123] 시장 진입 후의 제품 수정이 생기

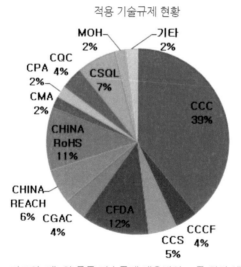

적용 기술규제 현황

- MOH 2%
- 기타 2%
- CQC 4%
- CPA 2%
- CSQL 7%
- CMA 2%
- CCC 39%
- CHINA RoHS 11%
- CHINA REACH 6%
- CGAC 4%
- CFDA 12%
- CCS 5%
- CCCF 4%

자료원: 제3차 중국 기술규제 대응방안 보급·확산 세미나

〈그림 22〉 중국 진출 한국 기업 설문 조사 결과(2015)

---

122 김민주, '제3차 중국 기술규제 대응방안 보급·확산 세미나', 《해외시장뉴스》, 2015.03.27.
123 김민주, '중국 기술규제 현황 및 분석 결과', 《해외시장뉴스》, 2015.03.27.

면 많은 시행착오 비용을 지불해야 한다. 이를 개선하기 위해 한국의 주얼리 수출 기업은 수출 시장 진입 전에 ASTM 규정의 안전 인증에 대한 관리를 해서 위험 요인을 제거하는 전략을 가져야 할 것이다.

중국은 한국의 경쟁국이지만 미국은 세계 최대의 주얼리 수출 대상국이다. 수출 기업이 대미국 수출 시 7113호에 분류되는 귀걸이나 반지 등을 한국에서 만들었다는 원산지 기준을 충족하면 2012년 발효된 한미 FTA 협정에 근거하여 모두 0%의 인증세율(Duty Free)을 적용받는다. 한국 정부는 FTA를 통한 경제 영토 확장을 지속적으로 추진하여 대기업 및 중소기업들의 활로 모색에 큰 힘이 되고 있다.

수출 시장에서 대기업은 정보력과 수출 안전 관리 역량에 비교적 준비가 잘되어 있다. 반면 중소기업은 글로벌 시장의 비관세 장벽에 대한 정책을 올바르게 이해하지 못하고 있는 실정이며, 선진국 시장에 접근할 경우 상당한 위험에 직면하게 된다. 중소기업으로서 가장 큰 비즈니스 리스크가 리콜과 국제 소송이다. 이것은 국제안전규정에 준한 사양을 제대로 이해를 하지 못해 발생하며, 무역 분쟁으로 이어지는 경우가 많이 있다. 주얼리 중소기업은 이러한 국제 안전과 관련된 대외적 수출 환경에 적극 대응해 나가야 할 것이다.

제3장

주얼리 중금속,
한국은
어떻게 다루는가?

1. 한국의 패션 주얼리
중금속 검사

1) 성인용 주얼리의 기준

ASTM-F2999에서 '12세 이하의 어린이들을 대상으로 하지 않음'이라는 라벨이나 이와 유사한 문구가 부착된 주얼리는 주로 12세 이상의 성인을 위해 디자인되었다고 추정하며, 십대나 여성용 매장 또는 상점의 십대나 여성용품 매장에 주얼리를 배치하는 것은 성인용으로 간주한다.[124]

ASTM-F2999에서 지정하는 성인용 주얼리의 일반 기준은 '어린이용 주얼리'라고 표시된 지역에 있지 않는 한, 백화점의 주얼리 매장에서 판매되는 주얼리는 주로 12세 이하의 어린이들을 위해 디자인된 것이 아닌 것으로 간주한다. 제조회사의 주요 목표 대상이 성인이나 청소년임을 보여 주는 디자인 도면 및 브랜드 또는 마케팅 계획서는 해당 제품이 아동용 제품이 아님을 나타낸다.[125]

---

124 ASTM-F2923 Standard ANNEXES A1.3.1 (3)(5): Guidelines for Identifying Jewelry Designed and Intended Primarily for Children 12 and Younger, 2014, p.9.

125 ASTM-F2923 Standard ANNEXES A1.3 (1)(5): Guidelines for Identifying Jewelry Designed and Intended Primarily for Children 12 and Younger, 2014, p.9. p.10.

2) 샘플 시료

(1) 성인용 주얼리 샘플 시료

ASTM-F2999 성인용 샘플 시료의 내용은 10개로 구성되며 다음과 같다.

시료 번호는 'Koptri-1730901'로 표기하고 번호는 'Koptri-1730901-(x)' 와 같이 후미에 기재한다.

① 카프   ② 진주 목걸이
③ 팔찌(남)   ④ 넥타이핀
⑤ 브로치   ⑥ 귀걸이
⑦ 팔찌(여)   ⑧ 반지
⑨ 섬유질 목걸이   ⑩ 금속 목걸이

〈표 13〉 성인용 주얼리 Koptri-1-5

No	의뢰자가 제공한 시료 이름	시험에 사용한 시료 이름	시료 사진
1	성인 카프	Koptri-1730901-1	
2	성인 진주 목걸이	Koptri-1730901-2	
3	성인 팔찌(남)	Koptri-1730901-3	
4	성인 넥타이핀	Koptri-1730901-4	
5	성인 브로치	Koptri-1730901-5	

♤ ICP 샘플(ASTM-F2999)

<표 14> 성인용 주얼리 Koptri-6-10

No	의뢰자가 제공한 시료 이름	시험에 사용한 시료 이름	시료 사진
6	성인 귀걸이	Koptri-1730901-6	
7	성인 팔찌(여)	Koptri-1730901-7	
8	성인 반지	Koptri-1730901-8	
9	성인 섬유질 목걸이	Koptri-1730901-9	
10	성인 금속 목걸이	Koptri-1730901-10	

♤ ICP 샘플(ASTM-F2999)

ASTM-F2923 아동용 주얼리 규정에서 제품의 크기는 어린 아동(예: 7
세 미만)을 위한 주얼리를 식별하는 데 사용되는 핵심 요소다. 아동용 크
기의 주얼리는 직경 2인치, 길이 6인치 미만의 팔찌와 목에 꼭 끼는 제품
을 제외하고, 표준 길이 15인치에 대비하여 12인치 길이의 목걸이를 일반
적으로 아동용 주얼리로 간주한다. 많은 주얼리 품목들은 크기가 작기
때문에, 크기 자체만으로 품목을 '아동용'이나 '성인용' 주얼리로 식별하기
어렵다.[126]

어린이 및 성인을 위한 주얼리는 다양한 가격대로 판매된다. 가격은 전
체적인 상황을 고려해야 할 요소이지만, 주로 12세 이하의 어린이들을
대상으로 디자인된 주얼리를 식별하기 위한 결정적 요소는 아니며, 아동
용 주얼리와 성인용 주얼리를 구별하는 데 사용할 수 있는 단일 가격이
나 비용은 없다.[127]

---

[126] ASTM-F2923 Standard ANNEXES A.2 (7): Guidelines for Identifying Jewelry
Designed and Intended Primarily for Children 12 and Younger, 2014, p.8.

[127] ASTM-F2923 Standard ANNEXES A.2 (8): Guidelines for Identifying Jewelry
Designed and Intended Primarily for Children 12 and Younger, 2014, p.8.

(2) 아동용 주얼리 샘플 시료

ASTM-F2923 아동용 샘플 시료의 내용은 10개로 구성되며 다음과 같다.

시료 번호는 'Koptri-1730901'로 표기하고 번호는 'Koptri-1730901-(xx)'와 같이 후미에 기재한다.

⑪ 귀걸이   ⑫ 반지

⑬ 팔찌   ⑭ 귀걸이(하트)

⑮ 귀걸이(리본 장식)   ⑯ 목걸이

⑰ 금속 목걸이   ⑱ 금속 팔찌

⑲ 티아라   ⑳ 팔찌

㉑ 머리띠

ICP 카드뮴 검사의 Koptri-1730901-14번에서 Koptri-1730901-14-1(하트), 2번(리본)은 별도로 분리하여 샘플을 테스트하였다.

〈표 15〉 아동용 주얼리 Koptri-11-15

No	의뢰자가 제공한 시료 이름	시험에 사용한 시료 이름	시료 사진
11	아동 귀걸이	Koptri-1730901-11	
12	아동 반지	Koptri-1730901-12	
13	아동 팔찌	Koptri-1730901-13	
14	아동 귀걸이 (귀걸이+하트)	Koptri-1730901-14-1	
15	아동 귀걸이 (리본 장식)	Koptri-1730901-14-2	

♤ ICP 샘플(ASTM-F2923)

〈표 16〉 아동용 주얼리 Koptri-16-21

No	의뢰자가 제공한 시료 이름	시험에 사용한 시료 이름	시료 사진
16	아동 목걸이	Koptri-1730901-15	
17	아동 금속 목걸이	Koptri-1730901-16	
18	아동 금속 팔찌	Koptri-1730901-17	
19	아동 티아라	Koptri-1730901-18	
20	아동 팔찌	Koptri-1730901-19	
21	아동 머리띠	Koptri-1730901-20	

⇧ ICP 샘플(ASTM-F2923)

3) ICP 분석

(1) 성인용 주얼리(ASTM-F2999) ICP 분석

〈표 17〉 F2999 ICP 안티몬

시료 이름	분석 항목	ICP 측정치 (mg/ℓ)	Blank 측정치 (mg/ℓ)	희석 배수[a]	농도[b] (mg/kg)[c]
Koptri-1730901-1	Sb (Antimony)	불검출	불검출	312.4	불검출
Koptri-1730901-2	Sb (Antimony)	불검출	불검출	283.0	불검출
Koptri-1730901-3	Sb (Antimony)	5.5	불검출	296.6	1631.3
Koptri-1730901-4	Sb (Antimony)	불검출	불검출	298.7	불검출
Koptri-1730901-5	Sb (Antimony)	불검출	불검출	271.6	불검출
Koptri-1730901-6	Sb (Antimony)	불검출	불검출	299.7	불검출
Koptri-1730901-7	Sb (Antimony)	불검출	불검출	294.3	불검출
Koptri-1730901-8	Sb (Antimony)	불검출	불검출	283.3	불검출
Koptri-1730901-9	Sb (Antimony)	0.5	불검출	285.9	143.0
Koptri-1730901-10	Sb (Antimony)	불검출	불검출	308.7	불검출

Note

a) 전처리 희석 배수는 '시료 질량(mass/g):최종 질량(ratio/g)'의 비로 표현

b) 농도 = (ICP 측정치 - Blank 측정치) × 희석 배수

c) mg/kg = mg/ℓ = PPM

♧ ICP 분석 결과(ASTM-F2999)

〈표 18〉 F2999 ICP 비소

시료 이름	분석 항목	ICP 측정치 (mg/ℓ)	Blank 측정치 (mg/ℓ)	희석 배수[a]	농도[b] (mg/kg)[c]
Koptri-1730901-1	AS (Arsenic)	불검출	불검출	312.4	불검출
Koptri-1730901-2	AS (Arsenic)	불검출	불검출	283.0	불검출
Koptri-1730901-3	AS (Arsenic)	불검출	불검출	296.6	불검출
Koptri-1730901-4	AS (Arsenic)	불검출	불검출	298.7	불검출
Koptri-1730901-5	AS (Arsenic)	불검출	불검출	271.6	불검출
Koptri-1730901-6	AS (Arsenic)	불검출	불검출	299.7	불검출
Koptri-1730901-7	AS (Arsenic)	0.2	불검출	294.3	58.9
Koptri-1730901-8	AS (Arsenic)	불검출	불검출	283.3	불검출
Koptri-1730901-9	AS (Arsenic)	불검출	불검출	285.9	불검출
Koptri-1730901-10	AS (Arsenic)	0.2	불검출	308.7	61.7

Note

a) 전처리 희석 배수는 '시료 질량(mass/g):최종 질량(ratio/g)'의 비로 표현

b) 농도 = (ICP 측정치 - Blank 측정치) × 희석 배수

c) mg/kg = mg/ℓ = PPM

⌂ ICP 분석 결과(ASTM-F2999)

<표 19> F2999 ICP 바륨

시료 이름	분석 항목	ICP 측정치 (mg/ℓ)	Blank 측정치 (mg/ℓ)	희석 배수[a]	농도[b] (mg/kg)[c]
Koptri-1730901-1	Ba (Barium)	불검출	불검출	312.4	불검출
Koptri-1730901-2	Ba (Barium)	불검출	불검출	283.0	불검출
Koptri-1730901-3	Ba (Barium)	0.4	불검출	296.6	118.6
Koptri-1730901-4	Ba (Barium)	불검출	불검출	298.7	불검출
Koptri-1730901-5	Ba (Barium)	불검출	불검출	271.6	불검출
Koptri-1730901-6	Ba (Barium)	불검출	불검출	299.7	불검출
Koptri-1730901-7	Ba (Barium)	불검출	불검출	294.3	불검출
Koptri-1730901-8	Ba (Barium)	불검출	불검출	283.3	불검출
Koptri-1730901-9	Ba (Barium)	불검출	불검출	285.9	불검출
Koptri-1730901-10	Ba (Barium)	불검출	불검출	308.7	불검출

Note

a) 전처리 희석 배수는 '시료 질량(mass/g):최종 질량(ratio/g)'의 비로 표현

b) 농도 = (ICP 측정치 - Blank 측정치) × 희석 배수

c) mg/kg = mg/ℓ = PPM

⌂ ICP 분석 결과(ASTM-F2999)

<표 20> F2999 ICP 카드뮴

시료 이름	분석 항목	ICP 측정치 (mg/ℓ)	Blank 측정치 (mg/ℓ)	희석 배수[a]	농도[b] (mg/kg)[c]
Koptri-1730901-1	Cd (Cadmium)	6.0	불검출	3 237.0	19 422.0
Koptri-1730901-2	Cd (Cadmium)	불검출	불검출	283.0	불검출
Koptri-1730901-3	Cd (Cadmium)	불검출	불검출	296.6	불검출
Koptri-1730901-4	Cd (Cadmium)	0.1	불검출	298.7	29.9
Koptri-1730901-5	Cd (Cadmium)	불검출	불검출	271.6	불검출
Koptri-1730901-6	Cd (Cadmium)	불검출	불검출	299.7	불검출
Koptri-1730901-7	Cd (Cadmium)	불검출	불검출	294.3	불검출
Koptri-1730901-8	Cd (Cadmium)	불검출	불검출	283.3	불검출
Koptri-1730901-9	Cd (Cadmium)	불검출	불검출	285.9	불검출
Koptri-1730901-10	Cd (Cadmium)	불검출	불검출	308.7	불검출

Note

a) 전처리 희석 배수는 '시료 질량(mass/g):최종 질량(ratio/g)'의 비로 표현

b) 농도 = (ICP 측정치 - Blank 측정치) × 희석 배수

c) mg/kg = mg/ℓ = PPM

⇨ ICP 분석 결과(ASTM-F2999)

〈표 21〉 F2999 ICP 크롬

시료 이름	분석 항목	ICP 측정치 (mg/ℓ)	Blank 측정치 (mg/ℓ)	희석 배수a)	농도b) (mg/kg)c)
Koptri-1730901-1	Cr (Chromium)	불검출	불검출	3 237.0	불검출
Koptri-1730901-2	Cr (Chromium)	불검출	불검출	283.0	불검출
Koptri-1730901-3	Cr (Chromium)	1.6	불검출	296.6	474.6
Koptri-1730901-4	Cr (Chromium)	불검출	불검출	298.7	불검출
Koptri-1730901-5	Cr (Chromium)	0.2	불검출	271.6	54.3
Koptri-1730901-6	Cr (Chromium)	불검출	불검출	299.7	불검출
Koptri-1730901-7	Cr (Chromium)	0.3	불검출	294.3	88.3
Koptri-1730901-8	Cr (Chromium)	불검출	불검출	283.3	불검출
Koptri-1730901-9	Cr (Chromium)	0.2	불검출	285.9	57.2
Koptri-1730901-10	Cr (Chromium)	0.1	불검출	308.7	30.9

Note

a) 전처리 희석배수는 '시료 질량(mass/g):최종 질량(ratio/g)'의 비로 표현

b) 농도 = (ICP 측정치 - Blank 측정치) x 희석배수

c) mg/kg = mg/ℓ = PPM

⇧ ICP 분석 결과(ASTM-F2999)

〈표 22〉 F2999 ICP 수은

시료 이름	분석 항목	ICP 측정치 (mg/ℓ)	Blank 측정치 (mg/ℓ)	희석 배수[a]	농도[b] (mg/kg)[c]
Koptri-1730901-1	Hg (Mercury)	불검출	불검출	3 237.0	불검출
Koptri-1730901-2	Hg (Mercury)	불검출	불검출	283.0	불검출
Koptri-1730901-3	Hg (Mercury)	불검출	불검출	296.6	불검출
Koptri-1730901-4	Hg (Mercury)	불검출	불검출	298.7	불검출
Koptri-1730901-5	Hg (Mercury)	불검출	불검출	271.6	불검출
Koptri-1730901-6	Hg (Mercury)	불검출	불검출	299.7	불검출
Koptri-1730901-7	Hg (Mercury)	불검출	불검출	294.3	불검출
Koptri-1730901-8	Hg (Mercury)	불검출	불검출	283.3	불검출
Koptri-1730901-9	Hg (Mercury)	불검출	불검출	285.9	불검출
Koptri-1730901-10	Hg (Mercury)	불검출	불검출	308.7	불검출

Note

a) 전처리 희석배수는 '시료 질량(mass/g):최종 질량(ratio/g)'의 비로 표현

b) 농도 = (ICP 측정치 - Blank 측정치) × 희석배수

c) mg/kg = mg/ℓ = PPM

♤ ICP 분석 결과(ASTM-F2999)

<표 23> F2999 ICP 셀레늄

시료 이름	분석 항목	ICP 측정치 (mg/ℓ)	Blank 측정치 (mg/ℓ)	희석 배수[a]	농도[b] (mg/kg)[c]
Koptri-1730901-1	Se (Selenium)	0.1	불검출	312.4	31.2
Koptri-1730901-2	Se (Selenium)	불검출	불검출	283.0	불검출
Koptri-1730901-3	Se (Selenium)	불검출	불검출	296.6	불검출
Koptri-1730901-4	Se (Selenium)	불검출	불검출	298.7	불검출
Koptri-1730901-5	Se (Selenium)	불검출	불검출	271.6	불검출
Koptri-1730901-6	Se (Selenium)	불검출	불검출	299.7	불검출
Koptri-1730901-7	Se (Selenium)	불검출	불검출	294.3	불검출
Koptri-1730901-8	Se (Selenium)	불검출	불검출	283.3	불검출
Koptri-1730901-9	Se (Selenium)	불검출	불검출	285.9	불검출
Koptri-1730901-10	Se (Selenium)	불검출	불검출	308.7	불검출

Note

a) 전처리 희석배수는 '시료 질량(mass/g):최종 질량(ratio/g)'의 비로 표현

b) 농도 = (ICP 측정치 - Blank 측정치) × 희석배수

c) mg/kg = mg/ℓ = PPM

⬙ ICP 분석 결과(ASTM-F2999)

<표 24> F2999 ICP 납

시료 이름	분석 항목	단위[b]	분석 방법[c]	검출 한계	분석 결과[a]
Koptri-1730901-11	Pb (Lead)	mg/kg	ICP	0.1	28.7
Koptri-1730901-12	Pb (Lead)	mg/kg	ICP	0.1	27.6
Koptri-1730901-13	Pb (Lead)	mg/kg	ICP	0.1	28.0
Koptri-1730901-14-1	Pb (Lead)	mg/kg	ICP	0.1	27.9
Koptri-1730901-14-2	Pb (Lead)	mg/kg	ICP	0.1	111.2
Koptri-1730901-15	Pb (Lead)	mg/kg	ICP	0.1	불검출
Koptri-1730901-16	Pb (Lead)	mg/kg	ICP	0.1	불검출
Koptri-1730901-17	Pb (Lead)	mg/kg	ICP	0.1	59.3
Koptri-1730901-18	Pb (Lead)	mg/kg	ICP	0.1	불검출
Koptri-1730901-19	Pb (Lead)	mg/kg	ICP	0.1	불검출
Koptri-1730901-20	Pb (Lead)	mg/kg	ICP	0.1	28.1

Note

a) 전처리: Koptri-H0.1-N2C8, Koptri-H0.1-S3HP3N4

b) mg/kg = PPM

c) ICP: Inductively Coupled Plasma Spectrometer

♧ ICP 분석 결과(ASTM-F2923)

(2) 아동용 주얼리(ASTM-F2923) ICP 분석

〈표 25〉 F2923 ICP 안티몬

시료 이름	분석 항목	ICP 측정치 (mg/ℓ)	Blank 측정치 (mg/ℓ)	희석 배수[a]	농도[b] (mg/kg)[c]
Koptri-1730901-11	Sb (Antimony)	불검출	불검출	286.8	불검출
Koptri-1730901-12	Sb (Antimony)	불검출	불검출	275.6	불검출
Koptri-1730901-13	Sb (Antimony)	불검출	불검출	280.0	불검출
Koptri-1730901-14	Sb (Antimony)	불검출	불검출	278.6	불검출
Koptri-1730901-15	Sb (Antimony)	불검출	불검출	296.2	불검출
Koptri-1730901-16	Sb (Antimony)	0.2	불검출	290.3	58.1
Koptri-1730901-17	Sb (Antimony)	0.5	불검출	296.5	148.3
Koptri-1730901-18	Sb (Antimony)	불검출	불검출	286.4	불검출
Koptri-1730901-19	Sb (Antimony)	불검출	불검출	273.8	불검출
Koptri-1730901-20	Sb (Antimony)	불검출	불검출	281.4	불검출

Note
a) 전처리 희석배수는 '시료 질량(mass/g):최종 질량(ratio/g)'의 비로 표현
b) 농도 = (ICP 측정치 - Blank 측정치) × 희석배수
c) mg/kg = mg/ℓ = PPM

⟡ ICP 분석 결과(ASTM-F2923)

<표 26> F2923 ICP 비소

시료 이름	분석 항목	ICP 측정치 (mg/ℓ)	Blank 측정치 (mg/ℓ)	희석 배수[a]	농도[b] (mg/kg)[c]
Koptri-1730901-11	AS (Arsenic)	불검출	불검출	286.8	불검출
Koptri-1730901-12	AS (Arsenic)	0.1	불검출	275.6	27.6
Koptri-1730901-13	AS (Arsenic)	0.1	불검출	280.0	28.0
Koptri-1730901-14	AS (Arsenic)	불검출	불검출	278.6	불검출
Koptri-1730901-15	AS (Arsenic)	불검출	불검출	296.2	불검출
Koptri-1730901-16	AS (Arsenic)	불검출	불검출	290.3	불검출
Koptri-1730901-17	AS (Arsenic)	불검출	불검출	296.5	불검출
Koptri-1730901-18	AS (Arsenic)	불검출	불검출	286.4	불검출
Koptri-1730901-19	AS (Arsenic)	불검출	불검출	273.8	불검출
Koptri-1730901-20	AS (Arsenic)	0.1	불검출	281.4	28.1

Note
a) 전처리 희석배수는 '시료 질량(mass/g):최종 질량(ratio/g)'의 비로 표현
b) 농도 = (ICP 측정치 - Blank 측정치) × 희석배수
c) mg/kg = mg/ℓ = PPM

⬦ ICP 분석 결과(ASTM-F2923)

<표 27> F2923 ICP 바륨

시료 이름	분석 항목	ICP 측정치 (mg/ℓ)	Blank 측정치 (mg/ℓ)	희석 배수[a]	농도[b] (mg/kg)[c]
Koptri-1730901-11	Ba (Barium)	불검출	불검출	286.8	불검출
Koptri-1730901-12	Ba (Barium)	불검출	불검출	275.6	불검출
Koptri-1730901-13	Ba (Barium)	불검출	불검출	280.0	불검출
Koptri-1730901-14	Ba (Barium)	불검출	불검출	278.6	불검출
Koptri-1730901-15	Ba (Barium)	불검출	불검출	296.2	불검출
Koptri-1730901-16	Ba (Barium)	0.5	불검출	290.3	145.2
Koptri-1730901-17	Ba (Barium)	불검출	불검출	296.5	불검출
Koptri-1730901-18	Ba (Barium)	불검출	불검출	286.4	불검출
Koptri-1730901-19	Ba (Barium)	불검출	불검출	273.8	불검출
Koptri-1730901-20	Ba (Barium)	불검출	불검출	281.4	불검출

Note
a) 전처리 희석배수는 '시료 질량(mass/g):최종 질량(ratio/g)'의 비로 표현
b) 농도 = (ICP 측정치 - Blank 측정치) × 희석배수
c) mg/kg = mg/ℓ = PPM

♧ ICP 분석 결과(ASTM-F2923)

〈표 28〉 F2923 ICP 카드뮴

시료 이름	분석 항목	ICP 측정치 (mg/ℓ)	Blank 측정치 (mg/ℓ)	희석 배수[a]	농도[b] (mg/kg)[c]
Koptri-1730901-11	Cd (Cadmium)	불검출	불검출	286.8	불검출
Koptri-1730901-12	Cd (Cadmium)	불검출	불검출	275.6	불검출
Koptri-1730901-13	Cd (Cadmium)	불검출	불검출	280.0	불검출
Koptri-1730901-14	Cd (Cadmium)	-	-	278.6	-
Koptri-1730901-15	Cd (Cadmium)	불검출	불검출	296.2	불검출
Koptri-1730901-16	Cd (Cadmium)	불검출	불검출	290.3	불검출
Koptri-1730901-17	Cd (Cadmium)	불검출	불검출	296.5	불검출
Koptri-1730901-18	Cd (Cadmium)	불검출	불검출	286.4	불검출
Koptri-1730901-19	Cd (Cadmium)	불검출	불검출	273.8	불검출
Koptri-1730901-20	Cd (Cadmium)	불검출	불검출	281.4	불검출

Note

a) 전처리 희석배수는 '시료 질량(mass/g):최종 질량(ratio/g)'의 비로 표현

b) 농도 = (ICP 측정치 - Blank 측정치) × 희석배수

c) mg/kg = mg/ℓ = PPM

⌂ ICP 분석 결과(ASTM-F2923)

<표 29> F2923 ICP 크롬

시료 이름	분석 항목	ICP 측정치 (mg/ℓ)	Blank 측정치 (mg/ℓ)	희석 배수[a]	농도[b] (mg/kg)[c]
Koptri-1730901-11	Cr (Chromium)	불검출	불검출	286.8	불검출
Koptri-1730901-12	Cr (Chromium)	1.1	불검출	275.6	303.2
Koptri-1730901-13	Cr (Chromium)	0.2	불검출	280.0	56
Koptri-1730901-14	Cr (Chromium)	불검출	불검출	278.6	불검출
Koptri-1730901-15	Cr (Chromium)	불검출	불검출	296.2	불검출
Koptri-1730901-16	Cr (Chromium)	불검출	불검출	290.3	불검출
Koptri-1730901-17	Cr (Chromium)	불검출	불검출	296.5	불검출
Koptri-1730901-18	Cr (Chromium)	불검출	불검출	286.4	불검출
Koptri-1730901-19	Cr (Chromium)	불검출	불검출	273.8	불검출
Koptri-1730901-20	Cr (Chromium)	1.4	불검출	281.4	394.0

Note

a) 전처리 희석배수는 '시료 질량(mass/g):최종 질량(ratio/g)'의 비로 표현

b) 농도 = (ICP 측정치 - Blank 측정치) × 희석배수

c) mg/kg = mg/ℓ = PPM

⟰ ICP 분석 결과(ASTM-F2923)

<표 30> F2923 ICP 수은

시료 이름	분석 항목	ICP 측정치 (mg/ℓ)	Blank 측정치 (mg/ℓ)	희석 배수a)	농도b) (mg/kg)c)
Koptri-1730901-11	Hg (Mercury)	불검출	불검출	286.8	불검출
Koptri-1730901-12	Hg (Mercury)	불검출	불검출	275.6	불검출
Koptri-1730901-13	Hg (Mercury)	불검출	불검출	280.0	불검출
Koptri-1730901-14	Hg (Mercury)	불검출	불검출	278.6	불검출
Koptri-1730901-15	Hg (Mercury)	불검출	불검출	296.2	불검출
Koptri-1730901-16	Hg (Mercury)	불검출	불검출	290.3	불검출
Koptri-1730901-17	Hg (Mercury)	불검출	불검출	296.5	불검출
Koptri-1730901-18	Hg (Mercury)	불검출	불검출	286.4	불검출
Koptri-1730901-19	Hg (Mercury)	불검출	불검출	273.8	불검출
Koptri-1730901-20	Hg (Mercury)	불검출	불검출	281.4	불검출

Note

a) 전처리 희석배수는 '시료 질량(mass/g):최종 질량(ratio/g)'의 비로 표현

b) 농도 = (ICP 측정치 - Blank 측정치) × 희석배수

c) mg/kg = mg/ℓ = PPM

⇧ ICP 분석 결과(ASTM-F2923)

<표 31> F2923 ICP 셀레늄

시료 이름	분석 항목	ICP 측정치 (mg/ℓ)	Blank 측정치 (mg/ℓ)	희석 배수[a]	농도[b] (mg/kg)[c]
Koptri-1730901-11	Se (Selenium)	불검출	불검출	286.8	불검출
Koptri-1730901-12	Se (Selenium)	불검출	불검출	275.6	불검출
Koptri-1730901-13	Se (Selenium)	불검출	불검출	280.0	불검출
Koptri-1730901-14	Se (Selenium)	불검출	불검출	278.6	불검출
Koptri-1730901-15	Se (Selenium)	불검출	불검출	296.2	불검출
Koptri-1730901-16	Se (Selenium)	불검출	불검출	290.3	불검출
Koptri-1730901-17	Se (Selenium)	불검출	불검출	296.5	불검출
Koptri-1730901-18	Se (Selenium)	불검출	불검출	286.4	불검출
Koptri-1730901-19	Se (Selenium)	불검출	불검출	273.8	불검출
Koptri-1730901-20	Se (Selenium)	불검출	불검출	281.4	불검출

Note

a) 전처리 희석배수는 '시료 질량(mass/g):최종 질량(ratio/g)'의 비로 표현

b) 농도 = (ICP 측정치 - Blank 측정치) × 희석배수

c) mg/kg = mg/ℓ = PPM

♤ ICP 분석 결과(ASTM-F2923)

〈표 32〉 F2923 ICP 납

시료 이름	분석 항목	단위[b]	분석 방법[c]	검출 한계	분석 결과[a]
Koptri-1730901-1	Pb (Lead)	mg/kg	ICP	0.1	62.5
Koptri-1730901-2	Pb (Lead)	mg/kg	ICP	0.1	불검출
Koptri-1730901-3	Pb (Lead)	mg/kg	ICP	0.1	불검출
Koptri-1730901-4	Pb (Lead)	mg/kg	ICP	0.1	59.7
Koptri-1730901-5	Pb (Lead)	mg/kg	ICP	0.1	27.2
Koptri-1730901-6	Pb (Lead)	mg/kg	ICP	0.1	30.0
Koptri-1730901-7	Pb (Lead)	mg/kg	ICP	0.1	29.4
Koptri-1730901-8	Pb (Lead)	mg/kg	ICP	0.1	불검출
Koptri-1730901-9	Pb (Lead)	mg/kg	ICP	0.1	불검출
Koptri-1730901-10	Pb (Lead)	mg/kg	ICP	0.1	30.9

Note

a) 전처리: Koptri-H0.1-N2C8, Koptri-H0.1-S3HP3N4

b) mg/kg = PPM

c) ICP: Inductively Coupled Plasma Spectrometer

⌂ ICP 분석 결과(ASTM-F2923)

2. ICP 검량선(Calibration Curve) 결과 분석

1) 안티몬

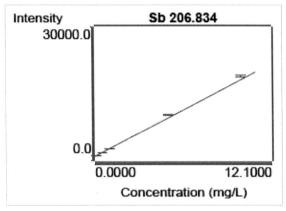

〈그림 23〉 안티몬(Antimony)

ASTM-F2999 성인용 주얼리의 표면 코팅에서 최대 용해되는 안티몬 (Sb) 기준 함량은 60PPM이다. Koptri-1730901-3번 ICP 측정치는 5.5mg/ℓ 이고 희석배수는 296.6, 분석 결과농도는 1,631PPM으로 기준치의 27배로 나타났다. Koptri-1730901-9번의 ICP 측정치는 0.5mg/ℓ이고 희석배수는 285.9, 결과농도는 143PPM으로 2.3배로 나타났다. 3번, 9번 샘플의 경우 는 CPSC 리콜 대상으로 판단된다. ASTM-F2923 Koptri-1730901-16번은 ICP 측정치는 0.2mg/ℓ이고 희석배수는 285.9, 결과농도는 58PPM인 것으로 나타나 기준치보다 다소 낮았다. Koptri-1730901-17번은 ICP 측정치 0.5 mg/ℓ이고 희석배수는 296.5, 결과농도는 148PPM으로 기준치의 2.4배로 나

타났다. 3번, 9번, 17번에서 기준치보다 높은 결과값이 나왔으므로 해당
제품은 자발적 리콜 대상이다.

2) 비소

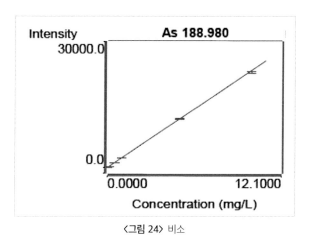

<그림 24> 비소

ASTM-F2999/F2923 주얼리의 표면 코팅에서 최대 용해되는 비소 기
준 함량은 25PPM이다. Koptri-1730901-7번 ICP 측정치는 0.2mg/ℓ이고 희
석배수는 294.3, 결과농도는 58PPM로 기준치의 2.3배로 나타났다.

Koptri-1730901-10번 ICP 측정치는 0.2mg/ℓ이고 희석배수는 308.7, 결
과농도는 61PPM으로 기준치 2.4배로 높게 나왔다. F2923 아동용 주얼리

에서는 Koptri-1730901-12번 ICP 측정치는 0.1mg/ℓ이고 희석배수는 275.6, 결과농도는 27PPM으로 기준치보다 다소 높게 나왔다. Koptri-1730901-13 번 ICP 측정치는 0.1mg/ℓ이고 희석배수는 280.0, 결과농도는 28PPM으로 12 번과 비슷한 수치를 보였다. Koptri-1730901-20번 ICP 측정치는 0.1mg/ℓ 이고 희석배수는 281.4, 결과농도는 28PPM으로 기준치보다 조금 높은 수 치로 개선되어야 한다.

3) 바륨

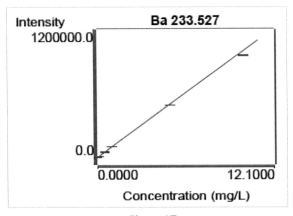

〈그림 25〉 바륨

ASTM-F2999/F2923 주얼리의 표면 코팅에서 최대 용해되는 바륨 기준 함량은 1,000PPM이다. 성인용 주얼리 샘플 Koptri-1730901-3 ICP 측정치는 0.4mg/ℓ이고 희석배수는 296.6, 결과농도는 118PPM로 기준치보다 낮기 때문에 문제가 없어 보인다. Koptri-1730901-16 ICP 측정치는 0.5mg/ℓ이고 희석배수는 290.3, 결과농도는 145PPM으로 나타나 아동용 주얼리 또한 기준치 이하로 문제가 되지 않았다.

4) 카드뮴

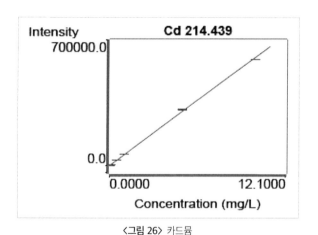

〈그림 26〉 카드뮴

ASTM-F2999/F2923 주얼리의 표면 코팅에서 최대 용해되는 카드뮴 기준 함량은 75PPM이다. Koptri-1730901-1번 ICP 측정치는 6.0mg/ℓ이고 희석

배수는 3 237.0, 결과농도는 19,422PPM으로 나타나 기준치 6배 높게 나타

났다. Koptri-1730901-4번 ICP 측정치는 0.1mg/ℓ이고 희석배수는 298.7,

결과농도는 29PPM으로 나타나 기준치보다 낮았다.

　　ASTM-F2923, Koptri-1730901-14번에서는 카드뮴 함량이 이상 변화를

보여 추가 분석을 의뢰했다. Koptri-1730901-14-1번과 2번로 나누어 분석

을 하였다. 14-2번은 HCl 용출 용액 염도 시험과 함께 시간 경과별로 추

가 테스트를 진행했다.

5) 크롬

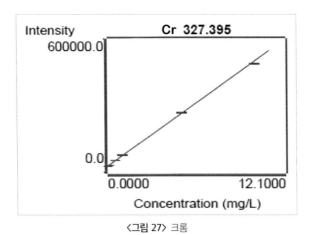

〈그림 27〉 크롬

ASTM-F2999/F2923 주얼리의 표면 코팅에서 최대 용해되는 크롬 기준 함량은 60PPM이다. Koptri-1730901-3번 ICP 측정치는 1.6mg/ℓ이고 희석배수는 296.6, 결과농도는 474PPM으로 나타나 기준치보다 7.9배 높았다. Koptri-1730901-5번 ICP 측정치는 0.2mg/ℓ이고 희석배수는 271.6, 결과농도는 54PPM으로 나타났고, Koptri-1730901-7번 ICP 측정치는 0.3 mg/ℓ이고 희석배수는 294.3, 결과농도는 88PPM으로 나타나 기준치보다 다소 높았다. Koptri-1730901-9번 ICP 측정치는 0.2mg/ℓ이고 희석배수는 285.9, 결과농도는 57PPM으로 나타나 기준치보다 다소 낮았다. Koptri-1730901-12번 ICP 측정치는 1.1mg/ℓ이고 희석배수는 275.6, 결과농도는 303PPM으로 기준치보다 5배 높았다. Koptri-1730901-20번 ICP 측정치는 1.4mg/ℓ이고 희석배수는 281.4, 결과농도는 394PPM으로 나타나 기준치보다 6.5배 높은 것으로 나타났다.

6) 수은

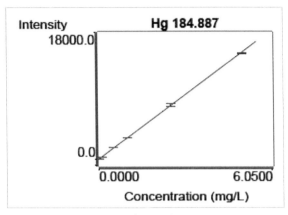

〈그림 28〉 수은

ASTM-F2999/F2923 주얼리의 표면 코팅에서 최대 용해되는 수은 기준 함량은 60PPM이다. 전체 시료 샘플에 대한 ICP 샘플 분석에서 수은은 불검출되었다. 주얼리 제조상에 의해 현재 사용되는 수은 제품은 시료 샘플에 사용되지 않았지만 수은 함유 금도금 및 아말감을 사용하여 발생할 수는 있다.

7) 셀레늄

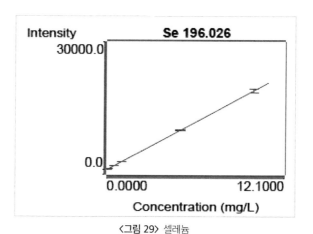

〈그림 29〉 셀레늄

ASTM-F2999/F2923 주얼리의 표면 코팅에서 최대 용해되는 셀레늄 기준 함량은 500PPM이다. Koptri-1730901-1번 ICP 측정치는 0.1mg/ℓ이고 희석배수는 312.4. 결과농도는 31PPM으로 기준치보다 낮게 나왔다.

8) 납

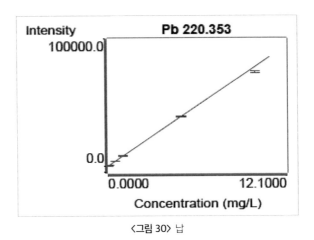

〈그림 30〉 납

ASTM-F2999/F2923 주얼리의 납 함유량 기준은 표면 코팅에 적합한 전기 도금된 금속은 6.0%, 도금되지 않은 금속은 1.5%이다. 아크릴, 폴리스티렌, 플라스틱 구슬과 돌 및 PVC를 포함해서 플라스틱이나 고무는 200PPM이며 분류되지 않은 물질은 600PPM이고 페인트 또는 기질물체 표면 코팅은 600PPM이다.

Koptri-1730901-1번(62PPM), 4번(59PPM), 6번(30PPM), 7번(29PPM), 10번(30PPM), 11번(28PPM), 12번(27PPM), 13번(28PPM), Koptri-1730901-14번-1(27PPM), 14-2번(111PPM), 17번(59PPM), 20번(28PPM)으로 납 함유는 모두 기준치보다 낮게 나타났다.

3. 아동용 주얼리
카드뮴 HCI 분석

1) HCl 카드뮴 용출 용액

카드뮴 용액 용출 테스터는 ASTM-F2923 아동용 주얼리 Koptri-1730901-11-20 샘플에 대하여 실험했고, <표 33>의 용액 테스트 6시간 진행 후 Koptri-1730901-14번에서 6PPM 카드뮴 반응이 보였다. 다른 샘플들은 초기에 카드뮴 현상이 없었기 때문에 변화를 보이지 않았다.

<표 34>의 카드뮴 용출에서 24시간 경과 후 Koptri-1730901-11~20 중 14번을 제외한 샘플에 여전히 변화는 없었다. 제품 자체의 표면 코팅 부분 카드뮴 노출 현상은 나타나지 않았다. 14번 샘플의 수치를 보면 알 수 있듯, 6시간이 경과했을 때 노출량이 6.9PPM였는데 24시간 용출이 진행됨에 따라 23PPM으로 증가했다.

시간의 경과에 따라 Koptri-1730901-14번의 용출 수치가 지속적으로 증가함을 알 수 있다. <표 35>의 48시간 이후를 보면 46PPM으로 수치가 배로 늘어났지만 여전히 다른 샘플들은 농도의 변화를 보이지 않았다.

<표 36>의 96시간 경과 후 Koptri-1730901-14번의 카드뮴 수치를 보면 87PPM으로 늘어나면서 수치를 벗어났다. 초기 6시간 6.9PPM와 비교했을 때 96시간 경과 후 수치인 87PPM은 12배나 높은 수치이다. 주얼리 섭취의 중금속 위험성은 시간의 경과에 따라 높아짐을 알 수 있다. ASTM-F2999/F2923 주얼리의 카드뮴 함유량 제한이 75PPM이기 때문에 기준치를 초과하였지만 실험실 간의 보정계수를 적용하면 [87 - (87 × 0.30) = 87 - 26.1 = 60.9PPM]이 되기 때문에 문제가 없어 보인다. 하지만

2009년 워싱턴주는 아동용 제품에 대하여 카드뮴 함량을 0.004% 또는 40PPM으로 제한하기 때문에 미국 연방법 이외에 각 주의 주법(State Laws)도 잘 살펴보아야 할 것이다.

<표 33> HCl 카드뮴 용출 용액(6시간)

시료 이름	분석 항목	단위[b]	분석 방법[c]	검출 한계	분석 결과[a]
Koptri-1730901-11	Cd (Cadmium)	mg/kg	ICP	0.1	불검출
Koptri-1730901-12	Cd (Cadmium)	mg/kg	ICP	0.1	불검출
Koptri-1730901-13	Cd (Cadmium)	mg/kg	ICP	0.1	불검출
Koptri-1730901-14	Cd (Cadmium)	mg/kg	ICP	0.1	6.9
Koptri-1730901-15	Cd (Cadmium)	mg/kg	ICP	0.1	불검출
Koptri-1730901-16	Cd (Cadmium)	mg/kg	ICP	0.1	불검출
Koptri-1730901-17	Cd (Cadmium)	mg/kg	ICP	0.1	불검출
Koptri-1730901-18	Cd (Cadmium)	mg/kg	ICP	0.1	불검출
Koptri-1730901-19	Cd (Cadmium)	mg/kg	ICP	0.1	불검출
Koptri-1730901-20	Cd (Cadmium)	mg/kg	ICP	0.1	불검출

Note

a) 용출 조건: 0.07 M HCl 용액을 시료 무게의 50배만큼 넣고 6, 24, 48, 96시간 37℃에서 용출

b) mg/kg = PPM

c) ICP: Inductively Coupled Plasma Spectrometer

⇧ 결과 정리 Cd 용출 용액: 0.07 M HCl, 6시간

〈표 34〉 HCl 카드뮴 용출 용액(24시간)

시료 이름	분석 항목	단위[b]	분석 방법[c]	검출 한계	분석 결과[a]
Koptri-1730901-11	Cd (Cadmium)	mg/kg	ICP	0.1	불검출
Koptri-1730901-12	Cd (Cadmium)	mg/kg	ICP	0.1	불검출
Koptri-1730901-13	Cd (Cadmium)	mg/kg	ICP	0.1	불검출
Koptri-1730901-14	Cd (Cadmium)	mg/kg	ICP	0.1	23.4
Koptri-1730901-15	Cd (Cadmium)	mg/kg	ICP	0.1	불검출
Koptri-1730901-16	Cd (Cadmium)	mg/kg	ICP	0.1	불검출
Koptri-1730901-17	Cd (Cadmium)	mg/kg	ICP	0.1	불검출
Koptri-1730901-18	Cd (Cadmium)	mg/kg	ICP	0.1	불검출
Koptri-1730901-19	Cd (Cadmium)	mg/kg	ICP	0.1	불검출
Koptri-1730901-20	Cd (Cadmium)	mg/kg	ICP	0.1	불검출

Note

a) 용출 조건: 0.07 M HCl 용액을 시료 무게의 50배만큼 넣고 37℃ 6, 24, 48, 96시간 37℃ 에서 용출

b) mg/kg = PPM

c) ICP: Inductively Coupled Plasma Spectrometer

⇧ 결과 정리 Cd 용출 용액: 0.07 M HCl, 24시간

<표 35> HCl 카드뮴 용출 용액(48시간)

시료 이름	분석 항목	단위[b]	분석 방법[c]	검출 한계	분석 결과[a]
Koptri-1730901-11	Cd (Cadmium)	mg/kg	ICP	0.1	불검출
Koptri-1730901-12	Cd (Cadmium)	mg/kg	ICP	0.1	불검출
Koptri-1730901-13	Cd (Cadmium)	mg/kg	ICP	0.1	불검출
Koptri-1730901-14	Cd (Cadmium)	mg/kg	ICP	0.1	46.7
Koptri-1730901-15	Cd (Cadmium)	mg/kg	ICP	0.1	불검출
Koptri-1730901-16	Cd (Cadmium)	mg/kg	ICP	0.1	불검출
Koptri-1730901-17	Cd (Cadmium)	mg/kg	ICP	0.1	불검출
Koptri-1730901-18	Cd (Cadmium)	mg/kg	ICP	0.1	불검출
Koptri-1730901-19	Cd (Cadmium)	mg/kg	ICP	0.1	불검출
Koptri-1730901-20	Cd (Cadmium)	mg/kg	ICP	0.1	불검출

Note

a) 용출 조건: 0.07 M HCl 용액을 시료 무게의 50배 넣고 37℃에서 6, 24, 48, 96시간 37℃에서 용출

b) mg/kg = PPM

c) ICP: Inductively Coupled Plasma Spectrometer

⇧ 결과정리 Cd 용출 용액: 0.07 M HCl, 48시간

<표 36> HCl 카드뮴 용출 용액(96시간)

시료 이름	분석 항목	단위[b]	분석 방법[c]	검출 한계	분석 결과[a]
Koptri-1730901-11	Cd (Cadmium)	mg/kg	ICP	0.1	불검출
Koptri-1730901-12	Cd (Cadmium)	mg/kg	ICP	0.1	불검출
Koptri-1730901-13	Cd (Cadmium)	mg/kg	ICP	0.1	불검출
Koptri-1730901-14	Cd (Cadmium)	mg/kg	ICP	0.1	87.5
Koptri-1730901-15	Cd (Cadmium)	mg/kg	ICP	0.1	불검출
Koptri-1730901-16	Cd (Cadmium)	mg/kg	ICP	0.1	불검출
Koptri-1730901-17	Cd (Cadmium)	mg/kg	ICP	0.1	불검출
Koptri-1730901-18	Cd (Cadmium)	mg/kg	ICP	0.1	불검출
Koptri-1730901-19	Cd (Cadmium)	mg/kg	ICP	0.1	불검출
Koptri-1730901-20	Cd (Cadmium)	mg/kg	ICP	0.1	불검출

Note
a) 용출 조건: 0.07 M HCl 용액을 시료 무게의 50배 넣고 37℃에서 6, 24, 48, 96시간 37℃에서 용출
b) mg/kg = PPM
c) ICP: Inductively Coupled Plasma Spectrometer

♤ 결과정리 Cd 용출 용액: 0.07 M HCl, 96시간

2) HCl 카드뮴 결과 분석

Koptri-1730901-14번의 시간이 변화함에 따라서 용출 농도가 지속적으로 늘어난다면 시편 주얼리에는 카드뮴이 존재한다고 볼 수 있다. 〈그림 31〉과 같이 용출 시간대별로 보면 6시간(6.9㎜), 12시간(23㎜), 48시간(46㎜), 96시간(87㎜)로 나타난다. 하지만 시간 경과의 진행에 따라 카드뮴 수치가 증가하는 현상은 주얼리 전체를 샘플로 하여 전처리 희석배수를 어떠한 방식으로 적용하느냐에 따라 카드뮴 농도가 희석될 수 있다는 변수가 있으므로 차이가 날 수 있다. ICP 용출 조사는 주얼리 전체를 대상으로 해서 농도 데이터를 추출한다.

〈그림 32〉를 보면 주얼리에 표면 손상이 생겼을 때 HCl 염도 테스트에서 손상되지 않은 것은 A 그래프처럼 변화가 미미하지만 손상된 샘플 B에서는 상당한 양의 카드뮴이 시간 경과와 함께 발생하고 있는 것을 알 수 있다. 이러한 현상은 주얼리의 카드뮴 추출 조사를 어떤 곳에 적용했는지가 문제가 될 것이다. 금속의 표면일 수도 있지만 기질 본체 또는 주변 플라스틱과 같은 부품일 수도 있다. 대표적으로 주얼리 표면조사를 사용하는 것은 XRF 형광 조사와 ICP 플라즈마 분석이다. 그렇다면 현재 CPSC에서 진행하고 있는 주얼리 중금속 조사의 방법에서 추출에 대한 문제가 없는지 부위별로 살펴볼 필요성이 있다.

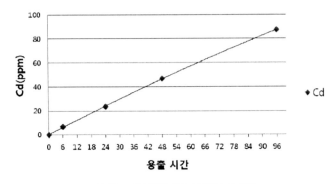

〈그림 31〉 HCl 카드뮴 용출 시간별 농도 변화
[자료: *Bioavailability of Cadmium in Inexpensive Jewelry figure]*[128]

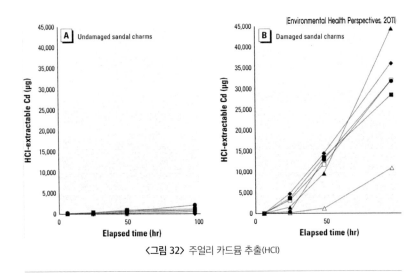

〈그림 32〉 주얼리 카드뮴 추출(HCl)

---

128 Jeffrey D. Weidenhamer, Jennifer Miller, Daphne Guinn, Janna Pearson, Bioavailability of Cadmium in Inexpensive Jewelry figure1, Environ Health Perspect 119:1029-1033, 2011.

CPSC에서도 2010년에 이러한 불균형적 데이터를 살펴보기 위해 동일 조건에서 XRF와 ICP의 차이점을 비교해 보았다. 〈그림 33〉의 도표는 ICP에 의해 측정된 카드뮴 수치와 XRF를 가지고 조사한 자료를 분석한 결과 A의 도표에서 XRF의 정확도가 ICP에 비해 많이 떨어졌고, B 도표에서는 XRF 실패율이 높다는 현상을 잘 설명하고 있다. 이러한 이유로 CPSC에서는 ICP 분석을 선호하지만 ICP 분석에서도 부위별 중금속 농도가 달리 나온다는 것을 이 실험을 통해 추가적으로 알 수 있었다.

추가적 ICP 분석 연구는 중금속이 함유된 제품을 설정하고 다시 부위를 나누어서 진행을 해 보았다.

Koptri-1730901-14번 시료 주얼리는 플라스틱과 금속 부품 등으로 연결되어 있고 시간별로 카드뮴 중금속 함량이 초기 6시간 용출 6.9PPM에서 96시간 경과 후 87PPM으로 변화된 수치를 보였다, 하지만 어느 곳에 카드뮴 함량이 제일 높은지 알 수가 없기 때문에 〈표 38〉 Koptri-1730901-14-1번의 동일 시료를 다시 수집하여 〈그림 34〉와 같이 세 파트로 나누어서 2차 ICP 용출 테스트를 진행했다.

아동 귀걸이 Koptri-1730901-14-2

\+ 'Blank' 상태 먼저 측정
1) All: 금속+리본+플라스틱
2) Ribbon: 리본
3) Etc: 금속+플라스틱

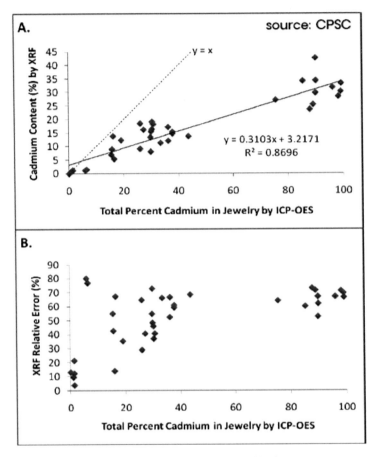

Effect of coatings on XRF accuracy (compare with Figure 5 for homogenous materials). Panel A: XRF and ICP-OES cadmium measurements for jewelry components. Panel B: Relative error of XRF measurements compared to ICP-OES measurements (relative error = -(XRF concentration-ICP concentration)/ICP concentration x 100).

〈그림 33〉 XRF and ICP Comparative

〈그림 34〉와 같이 세 파트로 나누어서 1) All 2) Ribbon 3) Etc로 ICP 용출 시험을 다시 했다. 분석 시간은 동일하게 6시간, 24시간, 48 시간, 96시간으로 나누어 진행하였고, 시료의 명칭은 〈표 39〉와 같이 1730901-4_RX_A(X)로 변경하여 데이터를 추출하였다.

〈표 38〉 아동 귀걸이 Koptri-1730901-14-1

| 14 | 아동 귀걸이 (귀걸이+하트) | Koptri-1730901-14-1 | |

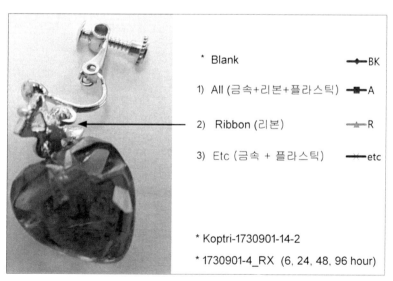

* Blank ◆BK
1) All (금속+리본+플라스틱) ■A
2) Ribbon (리본) ▲R
3) Etc (금속 + 플라스틱) ✕etc

* Koptri-1730901-14-2
* 1730901-4_RX (6, 24, 48, 96 hour)

〈그림 34〉 Koptri-1730901-14-2(분류)

<표 39> F2923 ICP 카드뮴(Cd 214.439)

시료 이름	분석 원소	ICP 측정치 (mg/ℓ)	Blank 측정치 (mg/ℓ)	희석 배수a)	농도b) (mg/kg)c)
1730901-4_RX_A(6)	Cd 214.439	20.3	불검출	1.0	20.3
1730901-4_RX_e(6)	Cd 214.439	불검출	불검출	1.0	불검출
1730901-4_RX_R(6)x5	Cd 214.439	7.12	불검출	5.0	35.6
1730901-4_RX_e(24)	Cd 214.439	불검출	불검출	1.0	불검출
1730901-4_RX_A(24)X10	Cd 214.439	8.74	불검출	10.4	90.6
1730901-4_RX_R(24)X20	Cd 214.439	10.13	불검출	19.6	198.5
1730901-4_RX_e(48)	Cd 214.439	불검출	불검출	1.0	불검출
1730901-4_RX_A(48)X20	Cd 214.439	8.86	불검출	20.3	179.9
1730901-4_RX_R(48)X20	Cd 214.439	21.71	불검출	20.4	442.9
1730901-4_RX_e(96)	Cd 214.439	0.13	불검출	1.0	0.1
1730901-4_RX_A(96)X20	Cd 214.439	16.42	불검출	20.3	333.3
1730901-4_RX_R(96)X100	Cd 214.439	9.12	불검출	100.3	914.7

Note

a) 전처리 희석배수는 '시료 질량(mass/g):최종 질량(ratio/g)'의 비로 표현

b) 농도 = (ICP 측정치 - Blank 측정치) × 희석배수

c) mg/kg = mg/ℓ = PPM

카드뮴은 〈표 39〉 표준을 기초로 하여 ASTM-F2923 카드뮴(Cd 214.439) ICP 용출을 진행하였고, Blank 측정치(㎎/ℓ)를 확인 후 〈표 40〉 결과를 구했다. 재분류된 샘플은 1730901-4_RX_A 6시간, 24시간, 48시간, 96시간으로 분석하였고 결과는 2) Ribbon(리본)의 카드뮴 수치가 가장 높게 나왔다. 리본에서 카드뮴 함량은 시간 경과에 따라 6시간(35PPM), 24시간(198PPM), 48시간(442PPM), 96시간(914PPM)으로 국제표준(75PPM)에 비하여 12배가량 높게 나왔다. 1) All의 경우 리본을 포함한 샘플 귀걸이 전체를 용출 테스트했을 때 6시간(20PPM), 24시간(90PPM), 48시간(179PPM), 96시간(332 PPM)의 수치가 나왔고 국제 표준 75PPM의 4.5배 정도였다. 리본(R)을 제거한 다른 부분 전체를 넣고 용출한 3) Etc는 카드뮴이 발견되지 않았다.

CPSC에서는 ICP 분석을 더 신뢰하며 권장하기 때문에 이 실험도 ICP 전처리와 용출 용액을 기준으로 하여 분석을 하였으나 〈표 40〉에서와 같이 Blank, All, Ribbon, etc, 부위별로 농도의 수치가 모두 달라지는 문제점이 발견되었다. 샘플 시료 채취에서 부위가 달라지면 카드뮴 농도 또한 달라지기 때문에 함량의 표준을 구하는 데 한계가 있을 수 있으며 어린이가 주얼리를 삼키게 될 경우 더 위험한 환경에 노출될 수 있다.

〈그림 35〉의 시간별 카드뮴 용출량 기준을 보면 CPSC에서 요구하는 국제표준의 중금속 테스트 요구 사항에서 부위별 오류를 줄이고 신뢰도를 높이기 위해 더 개선되어야 할 것으로 보인다. 그리고 샘플 주얼리의 제조상에서 플라스틱과 금속 그리고 부품이 아웃소싱의 조립 과정을 거

친다면 1개의 업체에서 제조된 것이 아닌 다수의 제조업체로 이루질 확률이 높기 때문에 제품의 완성품 단계에서 중금속 검사가 되어야 이러한 문제를 방지할 수 있을 것이다.

<표 40> 시간별 Cd(Cadmium) 용출량 [단위: mg/kg]

비고	6시간	24시간	48시간	96시간
Blank	불검출	불검출	불검출	불검출
All	20.3	90.9	179.9	333.3
Ribbon	35.6	198.5	442.9	914.7
etc	불검출	불검출	불검출	0.1

Note

*용출 조건: 시료 무게의 50배인 염산 용액(0.07M)을 넣고 37℃에서 용출
1) All: 시료 전체를 넣고 용출(A)
2) Ribbon: 시료 중간부 리본 모양 부분 넣고 용출(R)
3) etc: 리본 부분을 제외한 다른 부분 전체를 넣고 용출(etc)

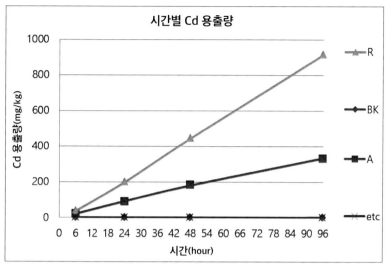

〈그림 35〉 ICP 카드뮴 시간별 용출량

제4장

한국 주얼리 중금속 수출의 미래

1. 한국 주얼리 중금속의 현황

ASTM 주얼리 규제인진기준에 문아여 ICP 천처리와 카드뮴 용출 용액을 통해 안티몬, 비소, 바륨, 카드뮴, 크롬, 수은 및 셀레늄에 대한 표면 중금속 이동을 시간 경과 과정과 함께 분석하였다. 중금속 7개 항목과 납 함유량 ICP Calibration Curve 결과 분석은 다음과 같았다. 안티몬(60PPM)은 ASTM-F2999, Koptri-1730901-3번의 ICP 측정치는 1,631PPM으로 기준치의 27배로 나타나서 제품 제조상 안티몬 초과 함유량에 큰 문제점을 나타내었고, 9번은 143PPM으로 2.3배로 나타났다. ASTM-F2923, 아동용 주얼리 17번은 148PPM으로 기준치 2.4배로 리콜 대상이었다.

비소(25PPM)는 Koptri-1730901-7번의 ICP 측정치가 58PPM으로 기준치의 2.3배로 나타났고 10번이 61PPM으로 기준치의 2.4배로 높게 나왔다. ASTM-F2923, 12번은 27PPM으로 기준치보다 다소 높게 나왔고 13번, 20번은 28PPM으로 12번과 비슷한 수치를 보였다.

바륨(1,000PPM)은 ASTM-F2999, Koptri-1730901-3번의 ICP 측정치는 118PPM로 기준치보다 낮았고, ASTM-F2923, 16번 역시 145PPM으로 기준치 이하로 문제가 되지 않았다. 카드뮴(75PPM)은 ASTM-F2999, Koptri-1730901-1번에서 19,422PPM으로 기준치보다 6배 높게 나타나 상당한 문제가 있음을 알 수 있었고, 샘플 4번은 29PPM으로 기준치보다 낮게 나와 안전 함량에는 문제가 없었다. 크롬(60PPM)은 ASTM-F2999, Koptri-1730901-3번 ICP 측정치가 474PPM으로 기준치보다 7.9배 높아 피부성 알레르기에 큰 영향을 줄 수 있는 수치였다. 샘플 7번은 88PPM으로 기준치보다 조금 높았으나 안전 권고치를 벗어났기 때문에 수정되어야 한다. ASTM-F2923, Koptri-1730901-12번에서 크롬이 303PPM으로 기준치보다 5배 높게 나타났고 20번은 394PPM으로 기준치보다 6.5배 높아 아동용 주얼리 역시 안전 관리 수준을 크게 벗어나 있었다. ASTM-F2999/F2923 주얼리의 표면 코팅에서 수은 기준 함량은 60PPM이며 ICP 샘플 분석의 모든 부분에서 수은은 검출되지 않았다. 셀레늄(500PPM)은 Koptri-1730901-1번에서 31PPM으로 기준치보다 낮게 나와 문제는 없었다.

ASTM-F2999/F2923 주얼리의 납 함유량 기준은 금속은 6.0%, 도금되지 않은 금속은 1.5%이다. 플라스틱이나 고무는 200PPM이고 분류되지 않은 물질은 600PPM이다. 이번 샘플 연구에서는 모두 기준치 이하로 문제가 되지 않았다. 살펴본 바와 같이 조사 샘플의 50% 이상에서 ICP 중금속 함유량은 리콜 수치가 나왔으며 이는 주얼리 표면 중금속 안전 관리의 중요성을 보여 준다.

ICP 용출 용액 ASTM-2923 주얼리에서는 2차 아동 귀걸이 Koptri-1730901-14-2번의 카드뮴 함량이 HCl 추출 초기 최초 6시간에는 기준치 75PPM에 부합하는 35PPM이지만, 시간이 진행됨에 따라 용출 중금속 농도는 계속 증가하였고 96시간에는 914PPM으로 CPSC 한도를 12배 이상 초과했다. 기존 CPSC의 표준 설정에 의문을 가지고 시간 경과에 비례한 용출에 대하여 좀 더 세분화된 방법으로 분석했을 때 특정 부위에서 더 많은 카드뮴이 노출된다는 것을 추가 분석 연구를 통해 확인할 수 있었다.

이와 같이 패션 주얼리 표면 중금속 함유량 분석 연구를 통하여 주얼리 국제안전규정(ASTM-F2999-2923)을 이해하고 아직 체계화되지 못한 한국 주얼리 표준의 문제를 인식하기를 바란다. 본서를 통해 정부의 주얼리 수출 정책에서 국제안전기준을 고려하는 것이 얼마나 중요한지, 수출 시장에서 리콜의 위험성이 얼마나 큰지 알리는 데 목표를 두고자 한다.

미국 소비자 제품 안전위원회(Consumer Product Safety Commission)는 소비자 제품 사고로 인한 사망, 상해 및 재산 피해로 인해 국가의 비용은 연간 1조 달러에 달한다 하였다.[129] 표준화는 사회 시스템을 올바르게 하고 국민 안전에 중요한 영향을 주기 때문에 관리와 감독의 필요성을 강조하고 있다. 이러한 세계적 흐름을 이해하고 국제 표준 ASTM 규정에 준하여 한국 주얼리 제품이 문제점이 없는지 그리고 주얼리 수출 정책의 개선점은 무엇인지 살펴보아야 한다. 현재 한국의 주얼리 시장의 현황을 보면, 원자재인 천연보석 또는 귀금속을 안정적으로 확보하지 못하거나 관세, 부가가치세, 개별소비세 등 관련 세제 문제로 인해 수입과 수출이 역전되고 있으며, 내수 시장 또한 외국 브랜드 제품에 잠식되어 가고 있는 실정이다.

---

129 U.S. Consumer Product Safety Commission, 'Fiscal Year 2019 Performance Budget Request to Congress', 2018.

2. 한국 주얼리 중금속의 개선점

지금까지 주얼리 규제인건규정의 기술적 특성과 중금속 위험 요소를 살펴보고, 국내 주얼리 상품이 국제 규정에 따른 위험 요소를 어느 정도 내재하고 있는지 샘플 시료 분석을 통해 분석해 보았다. 이러한 분석 연구를 통해 국내 주얼리 수출 기업이 국제 규정에 부합할 수 있는 기술 환경을 조성하고 위험 요소를 제거하여 안정적 주얼리 산업 구조를 만들어야 할 필요가 있다.

어린이 환경 건강을 위한 미시간 네트워크의 알렉시스 블리스만(Alexis Blizman) 입법 감독은 "독성이 있는 주얼리가 시판되는 것은 미국 연방 화학 규제 시스템이 완전히 실패한 징후"라고 하였다.[130] 주얼리 수출 기업은 어떠한 전략으로 중금속 독성을 배제하고 친환경적 제품을 만들 것인지에 대해 관심을 가져야 한다.

참고할 만한 해외 사례

주얼리 제조에서 차별화 전략을 보면 에나멜 코팅은 풍부하고 광택 있는 외양을 가져야 하며 부드럽다. 예를 들어, 이탈리아에서 수공품으로

---

130 An online publication of the Ecology Center, 'Ecology Center report on toxic chemicals in jewelry covered by media outlets across the country', EcoLink-March 2012 Ecolink, 2012.

만들어진 푸푸(Fufoo) 컬렉션은 유해 금속이 없는 최고 품질의 에나멜링 (enameling) 화합물로 채플레 에나멜링(champlevé enameling)을 사용한다. 품질이 우수한 보석 제조업체의 경우 비용 절감 조치로 생산 과정에서 독성 금속을 사용하는 비율을 줄이고 친환경적 구조 환경을 이루어 나가고 있는 것이다. 정부의 지원 정책 또한 노동집약에서 탈피하여 고부가가치를 위한 구조를 갖추도록 하기 위해 주얼리 중소기업의 친환경 개선 정책이 필요하다.

세계의 주얼리 제조상이 아프리카 다이아몬드를 판매하는 경우 공급 업체의 이름과 KPCS(Kimberley Process Certification Scheme) 원산지 증명서를 제공할 수 있는지를 확인한다. 이것은 규제를 위한 안전한 절차는 아니다. 다만 KPCS 인증서는 올바른 생산지에서 합리적으로 제조되었는지를 확인할 수 있도록 하고, 소비자가 다이아몬드를 구매할 때 불법 거래와 불량 제품을 선택할 가능성을 낮추는 데 큰 역할을 하고 있다. 패션 주얼리 또한 중금속 제거 캠페인을 진행하여 친환경 마크를 등장시켜야 한다. 이는 소비자의 선택권을 보호할 것이다. 한편 주얼리 제조 및 공급 업체는 비즈니스 활동에서 인간과 노동권 내에서의 윤리적 기준, 안전한 근로 조건 및 환경 영향 등 공정하고 정직한 비즈니스 규범을 준수하도록 변화시켜 나가야 한다. 현재의 ISO9001/ISO14000과 같은 품질과 환경 준수 사항은 소비자가 제품을 선택할 때 기본적 안전망이 되어 줄 수 있을 것이다.

중국은 패션 주얼리의 이미테이션 주얼티 등 서가 세품을 선 세계에 수출하는 나라로 알려져 있다. 하지만 중금속 문제로 미국에서 많은 리콜을 받았으며 기업 이미지 또한 좋지 않다. 이것은 기회요인으로 작용할 수 있다. 한국 기업이 환경과 인체 건강이라는 두 가지의 전략으로 소비자에게 어필해 나간다면 좋은 결과를 가져올 수도 있을 것이다.

패션 주얼리 제조에서 고려되어야 할 방향은 이렇다. 사계절 이상 지속되는 독특하고 유니크한 디자인을 고안해야 하며 고품질의 제품을 자연친화적인 것에 관심을 두어야 한다. 저렴하고 인위적인 것은 대량 생산이 가능하나 생산과 연결부 조립 시 중금속을 사용해야 하는 문제가 발생한다. 패션 조각품은 바다 자갈유리, 재활용 유리, 조개껍질, 다양한 씨앗과 견과류, 자연 목재와 같은 재료를 사용하여 만들면 인위적인 것을 배제하는 효과를 얻을 수 있다.

주얼리 수출 중소기업의 발전 방향

그러므로 수출 지향적 국내 주얼리 산업 활성화를 위한 국내시장의 국제안전기준 설정은 매우 중요하며, 주얼리 수출 중소기업이 글로벌 경쟁 우위를 차지하기 위한 대안과 향후 개선 방향을 〈그림 36〉과 같이 제시하였다.

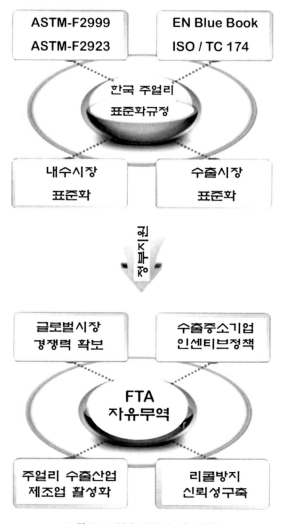

〈그림 36〉 주얼리 표준화와 수출 개선책

첫째, 주얼리 수출 산업에 저용되는 (ASTM2999/ASTM2923, EN) 국제안전규정의 필요성을 가지고 한국형 주얼리 표준 제품 규정을 제도화할 필요가 있다.

둘째, 정부 산하의 주얼리 표준화 안전 관리 감독을 위해 관리위원회 또는 검정협회를 지정하여 지속적 수정·보완을 진행할 필요가 있다.

셋째, 구조적 환경은 주얼리 중소기업의 유통마진형 구조에서 수출 주도에 대한 인센티브 정책으로 개선하여, 내수 시장 양성화 정책을 시행하되 기업이 수출 부가가치로 인한 생산 열의를 가질 수 있도록 유도한다.

본 개선안을 통하여 비관세 장벽에서의 글로벌 수출 시장 환경 개선과 주얼리 국제안전규정(ASTM-2999/ASTM2923)의 장점을 보완한 한국형 주얼리 안전규정이 정립되는 계기가 마련될 수 있을 것이다. 이에 따라 앞으로의 한국 패션 주얼리 중소기업은 국제안전규정에 준한 한국형 제품 안전규정의 정착을 통하여 국제 시장에서 한국 패션 주얼리 제품의 우수성과 신뢰성을 알릴 수 있을 것으로 기대한다.

국내 제조 및 유통 과정의 안전 시스템 제안

주얼리 중금속의 안전 관리 개선책은 국내 제조와 유통과정의 안전 시스템 정립으로 요약할 수 있다. 그 과정은 〈그림 37〉과 같이 단계별로 나눌 수 있다.

1단계, 주얼리 제조업체와 수출업자는 판매하고자 하는 주얼리 품목에 대하여 자체 안전 점검을 하여 해당 주얼리가 ASTM 규정에 충족하는지 여부를 확인하고, 사용 물질에 대해 제3 기관에 의뢰하여 안전 인증서를 받도록 한다.

2단계, 인증은 관련 연구소나 제3 공인 인증 기관에서 실시한다. 이때 확인증서를 제조자에 발급하고 부본은 보관한다. 필요 시 관리 감독 기관에 제출해야 하기 때문이다. 만약 기준 미달의 제품을 시장에 공급했을 때에는 신속히 해당 업체를 찾아 제품별 중금속 관리 상태를 파악하여 사후처리하도록 한다.

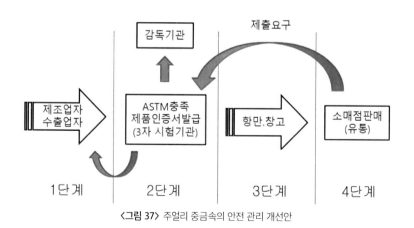

〈그림 37〉 주얼리 중금속의 안전 관리 개선안

3단계, 항만 창고의 개념은 수입업자 또는 유통업자가 판매를 위해 수입할 경우에 해당한다. 주얼리 수입품을 국내에 유통시키고자 할 때 통관 전에 주얼리 제품에 대하여 안전인증을 받는 것이다. 이러한 방식은 KS, CE, UL, TUV 등 국가별 표준 규격 인증서처럼 주얼리 분야에도 관련 시스템을 활용하면 된다.

제조자는 제조 현장에서 완성품에 대한 안전 절차를 사전에 받고 완제품에 대하여 라벨 또는 인증 마크를 부착함으로서 수입 시 세관으로부터 신속히 통관 절차를 밟을 수 있을 것이다. 예방 조치는 수출국 제조자로 하여금 자체 안전 관리를 하도록 압력을 가할 수 있고 기준 미달 제품에 대하여 수입 단계에서 제지할 수 있도록 한다.

4단계, 소비자에게 전달되는 최종 단계인 소매점에서는 제조자 또는 수입 유통업자로부터 안전 인증서를 받아 판매 제품에 대한 안전을 확인하도록 한다.

안전인증서가 없다면 제조자 또는 유통업자에게 요구할 수 있고, 제출에 응하지 않으면 관리 감독 기관에 신고를 하거나 개별로 인증 기관에 의뢰하여 안전성을 확보하도록 한다. 이러한 제품은 인증서를 확보할 때까지 제품 판매를 멈추어야 하며 안전 인증이 되지 않은 제품 판매로 인하여 문제가 발생할 경우 소매점 역시 관리 책임을 지도록 한다.

FTA를 통해 고부가가치를 창출할 수 있는 주얼리 수출산업 활성화 정책에 부응하기 위해서라도 국제안전규정을 인식하고 적용 필요성을 적극 검토해야 한다. 이는 국내 주얼리 중소기업의 안전한 품질 관리 시스템을 마련하고 위험 요소를 초기에 제거함으로써 수출 증대 및 기업의 선순환 구조에 매우 긍정적 영향을 줄 것으로 보인다.

CPSC는 2011년에 발표한 자료에서 제품을 더 안전하게 만드는 것은 중금속과 같은 오염 물질에 대한 엄격한 제한과 테스트 요구 사항을 부과하는 것뿐만 아니라 감독이라고 하였다.

중소기업에게 품질 안전이라는 위험 요소는 기업 존립에 큰 영향을 줄 수 있으므로 주얼리 국제안전규정(ASTM-F2999 ASTM-2923)을 이해하고 아직 체계화되지 못한 한국 주얼리 표준에 대하여 문제점을 개선하기를 바란다.

마치며

본서를 바탕으로 하여 차후 주얼리 국제안전규정에 대한 활발한 연구가 이뤄지기를 기대하며 한국 주얼리 산업과 패션 주얼리 시장에 대한 중금속 안전 인식이 제고될 수 있기를 바란다.

한국형 주얼리에 맞는 제품 제조 정착을 통하여 국제 시장에서 리콜을 방지하고 제품에 대한 신뢰를 구축할 수 있을 것이다. 이는 수출에 대한 주얼리 중소기업의 제조업 활성화에 큰 영향을 주기 때문이다.

추가적으로 연구해야 할 부분은 두 가지다. 첫째, ASTM-F2999/F29923과 EN 규정에서 분석되지 않은 위해성 중금속 요소들에 대해 지속적으로 연구해야 한다. 둘째, 주얼리 흡입 목 걸림, 라벨, 연결 줄 파단 시험 등에 관한 지속적 연구가 필요하다.

그리고 주얼리 분야에서의 중금속 테스트 검사로 활용되는 기준과 장비에 대하여 방법론에 관한 논의가 좀 더 필요하다. 가장 보편적으로 사용하는 XRF 형광 검사와 ICP의 결과값이 차이가 나고, ICP(Inductively Coupled Plasma Spectrometer)는 다원소, 다파장을 동시에 분석할 수 있지만 검사 방법에서 전체적 결과와 중금속이 처리된 제품의 부분적 결과가 달라질 수 있기 때문에 ICP 시험 분석의 한계가 발생할 수 있다.

다소의 문제점에도 불구하고 주얼리 중금속 연구의 기본 사항 개선을 진행한다면 미래가 밝다고 본다. 뒤처져 있는 국내 주얼리 안전과 마케팅으로 인한 국제적 리콜 환경을 이해함으로써, 기업이 해외로 진출하는 데 도움이 되기를 기대한다.

2019년 9월

윤강호

참고 문헌

1. 국내 문헌

- 이준원, 「신규 FTA 우선협상대상국 발굴 연구」, 한국무역협회 국제무역연구원, 2017.

- 정세균, 「고부가가치 주얼리산업육성 국회토론회: 주얼리산업 양성화는 창조경제의 시작」, 정세균의원실, 2015.

- 오원택, 「고부가가치 주얼리산업육성 국회토론회: 주얼리산업 발전과정과 미래 발전전략」, 정세균의원실, 2015.

- 강개걸, 「한국가전시장 진입하는 중국기업의 진입장벽에 관련된 연구: 하이얼을 중심으로」, 순천향대학교, 2011.

- J.S.Bain 저, 한병영 역, 「독점규제법상 진입장벽에 관한 연구」, 2003

- 김민지·김민정·김현지·김영희·김기석, 「납 노출 후 피부와 주요 장기에서 납 분포 양상에 관한 연구」, 《대한피부미용학회지》 제7권 제4호, 대한피부미용학회, 2009.

- 이경만·이춘수, 「사회연결망분석을 이용한 HS 제71류의 귀금속 무역 네트워크에 관한 연구」, 《무역보험연구》, 한국무역보험학회, 2016

- 김승돈, 「완구제품에 함유된 유해물질 및 관리방안에 대한 연구」, 서울산업대학교 산업대학원, 2009

- 최인석·최성철, 「어린이용품 환경유해인자인 중금속과 프탈레이트의 함유량 및 전이량 조사」, 《대한환경공학회지》, 대한환경공학회, 2014

- 김현진, 「어린이용품 유해물질 실태조사를 통한 휴대용 XRF의 적용성에 관한 연구: Pb 및 Cd을 중심으로」, 금오공과대학교, 2013

- 산업자원부, 「한미 FTA 전문」, 2017

- '정부, '주얼리' 한류형 신산업으로 육성한다', 《주얼리신문》, 2013.12.04.

- 김승희, 《식품과중금속》, 식품의약품안전청, 2011, p.1.

- 김영택, 「국민 혈중의 중금속 농도 조사·연구」, 환경부, 2005, p.4.

- 박정덕 「중금속 노출 근로자의 직업병(Heavy Metal Poisoning)」, 《HANYANG MEDICAL REVIEWS》, Vol. 30 No. 4, 2010, p.319..

- 고동회·김대성, 「안티몬 노출 근로자의 건강 관리 지침」, 한국산업안전보건공단 산업안전보건연구원, 2010, p.5.

- 황종연·최훈근·이동진·심일섭·김가원·이종근·김학주, 「소비자 제품에 함유된 유해 화학 물질 노출 실태 조사」, 국립환경과학원, 2008, p.17.

- 식품의약품안전처 식품의약품안전평가원, 「수은 및 메틸수은 위해 평가」, 2016, p.17.

- 이명희, 「셀레늄 영양과 건강」, 《대한암예방학회지》, 2003, p.36~44.

- 김성진, 『중소기업 및 스타트업의 글로벌 진출에 관한 사례 연구와 성공 전략』, 한국과학기술정보연구원, 2016, p.2.

- 《글로벌 유통망 현황 및 진출 동향》, KOTRA, 2016, p.9.

- 노주희, 「한중 FTA 주요 쟁점 및 재협상의 필요성 보고서」, 2014.07., p.37.
- 김민주, 「제3차 중국 기술규제 대응방안 보급·확산 세미나」, 《해외시장뉴스》, 2015.03.27.
- 월곡 주얼리 산업 연구소, 《패션 주얼리 조사 기준》, 2015
- 월곡 주얼리 산업 연구소, 《WJRC Annual Report 2011》
- 월곡 주얼리 산업 연구소, 《WJRC Annual Report 2012》
- 월곡 주얼리 산업 연구소, 《WJRC Annual Report 2013》
- 월곡 주얼리 산업 연구소, 《WJRC Annual Report 2014》
- 월곡 주얼리 산업 연구소, 《WJRC Annual Report 2015》
- 월곡 주얼리 산업 연구소, 《WJRC Annual Report 2016》
- 월곡 주얼리 산업 연구소, 《WJRC Annual Report 2017》
- 월곡 주얼리 산업 연구소, 《WJRC Annual Report 2018》

2. 국외 문헌

- ASTM-F2999 Standard: Consumer Safety Specification for Adult Jewelry1. (2016)

- ASTM-F2999-14, Standard Consumer Safety Specification for Adult Jewelry p1.

- ASTM E1613-12: Standard Test Method for Determination of Lead by Inductively Coupled Plasma Atomic Emission Spectrometry (ICP-AES), Flame Atomic Absorption Spectrometry (FAAS), or Graphite Furnace Atomic Absorption Spectrometry (GFAAS) Techniques.

- ASTM F2853-10(2015): Standard Test Method for Determination of Lead in Paint Layers and Similar Coatings or in Substrates and Homogenous Materials by Energy Dispersive X-Ray Fluorescence Spectrometry Using Multiple Monochromatic Excitation Beams.

- ASTM-F2999-14, Standard 2, Referenced Documents: (For referenced ASTM standards, visit the ASTM website, www.astm.org, or contact ASTM Customer Service at service@astm.org. For Annual Book of ASTM Standards volume information, refer to the standard's Document Summary page on the ASTM website). p1.

- ASTM-F2999-14, Standard 2,2 Code of Federal Regulations: Available from U.S. Government Printing Office Superintendent of Documents, 732 N. Capitol St., NW, Mail Stop: SDE, Washington, DC 20401, http://www.access. gpo.gov. p2

- ASTM-F2999-14, Standard 3.1: Bobby pins, barrettes, headbands, etc. without a significant decorative element are not hair accessories, but are grooming aids, Combs, brushes and similar items not intended to be worn as an item of personal ornamentation are not hair accessories. Novelty products such as deely boppers are not hair accessories. p2.

- ASTM-F96 (2015): Standard Specification for Electronic Grade Alloys of Copper and Nickel in Wrought Forms.

- ASTM-F2923 Standard ANNEXES A1.3.1 (3)(5): Guidelines for Identifying Jewelry Designed and Intended Primarily for Children 12 and Younger p9.

- ASTM-F963에 대한 개정 (Standard Consumer Safety Specification for Toy Safety) 2016.

- 16 CFR 1500.14 - Products requiring special labeling under section 3(b) of the act.

- Järup L. "Hazards of heavy metal contamination": British Medical Bulletin. 2003 Review.

- Piletz JE, Anderson RD, Birren BW, Herschman HR, "Metallothionein synthesis in foetal, neonatal and maternal rat liver", European Journal of Biochemistry, 131: p.489-495, 1983.

- Hayashi M, Yamamoto K, Yoshimura M, Kishimoto T, Shitara A, "Effects of fasting on distribution and excretion of lead following long-term lead exposure in rats", Archives of Environmental Contamination and Toxicology, 24: p.201-205, 1993.

- Environ Health Perspect: 2011 Jul 1; 119(7): 1029-1033.

- Stauber JL, Florence TM, Gulson BL, Dale LS, "Percutaneous absorption of inorganic lead compounds", Science of the Total Environment, 145: p.55-70, 1994.

- Jeffrey D. Weidenhamer,corresponding author Jennifer Miller, Daphne Guinn, and Janna Pearson (Published online 2011 Mar 4)

- Jeffrey D. Weidenhamer, corresponding author Jennifer Miller, Daphne Guinn, and Janna Pearson, "Bioavailability of Cadmium in Inexpensive Jewelry" (2011.03)

- Stellman Jeanne M., Daum Susan M. "Work is Dangerous to Your Health". New York: Vintage Books.(1973).

- National Electronic Injury Surveillance System (2017).

- ISO/TC 174 (Jewellery and precious metals): DIN Germany, DIN Deutsches Institut für Normung e.V. Am DIN-Platz Burggrafenstrasse 6 D-10787 Berlin Germany.

- CPSIA: The Consumer Product Safety Improvement Act.(미국 소비자 제품안전 개선법)

- CPSC Test Method: CPSC-CH-E1001-8.1 Standard Operating Procedure for Determining Total Lead (Pb) in Metal Children's Products (including Children's Metal Jewelry), Revision June 21, 2010.

- CPSC Test Method: CPSC-CH-C1001-09.3 Standard Operating Procedure for Determination of Phthalates April 1st, 2010.

- CPSC-CH-E1004: U.S. Consumer Product Safety Commission's (CPSC) testing laboratory (LSC) in the analysis of metal items, such as children's metal jewelry, for extractable cadmium.

- CPSC information report, 2016.

- CPSC Test Method: Standard Operating Procedure for Determining Cadmium

(Cd) Extractability from Children's Metal Jewelry February 03, 2011.

- PD CR 12471:2002: Screening tests for nickel release from alloys and coatings in items that come into direct and prolonged contact with the skin, Published: September 2002.

- EN 1811:2011+A1:2015: Reference test method for release of nickel from all post assemblies which are inserted into pierced parts of the human body and articles intended to come into direct and prolonged contact with the skin. (2015).

- DIN EN 12472: Method for the simulation of wear and corrosion for the detection of nickel release from coated items; German version EN 12472:2005+A1:2009.(2009).

- F963-11: Standard Consumer Safety Specification for Toy Safety. (UNSPSC Code 60141000(Toys).

- American Academy of Pediatrics, 'Prevention of Childhood

- Lead Toxicity', 《PEDIATRICS》 Volume 138, number 1, 2016.

- Yutian Jiang, 'The global marketing strategy for high-tech

- companies which founded in the developing countries for entering

- the global market', University of Twente, 2016, p.4.

- 'Jewelry Exports by Country' 《World's Top export》, Nov 11th, 2017.

- 'Global Online Jewelry Market 2017-2021', 《Technavio world report》, Apr 11th, 2017.

- 「Canada Consumer Product Safety Act」, Vol.150, No.49, December 3, 2016.

3. 웹사이트

- http://product-injuries.healthgrove.com
- http://www.cbc.ca/news
- https://onsafety.cpsc.gov
- http://www.international.gc.ca/
- https://www.apnews.com/
- https://www.cpsc.gov/
- http://www.yano.co.jp/
- http://www.koju.co.kr
- http://www.unenvironment.org/news
- https://www.cdc.gov/
- http://product-injuries.healthgrove.com
- http://www.worldstopexports.com/
- http://www.polymer.co.kr
- https://www.kita.net/
- https://www.kotra.or.kr/kh/main/customerMain.do
- http://kosis.kr/index/index.do
- https://www.customs.go.kr/kcshome/index.jsp